Herausgeber: Dr. Michael Reich
Autor: Michael Reich/Franziska Höhn
Reduktion der Produktkomplexität in der Versicherungswirtschaft
- am Beispiel der Kompositversicherung

Michael Reich/Franziska Höhn

Reduktion der Produktkomplexität in der Versicherungswirtschaft

- am Beispiel der Kompositversicherung

Michael Reich/Franziska Höhn

Reduktion der Produktkomplexität in der Versicherungswirtschaft
- am Beispiel der Kompositversicherung

Der direkte Draht zu 67rockwell Consulting GmbH

www.67rockwell.de

E-Mail: kontakt@67rockwell.de

Bibliografische Information der Deutschen Nationalbibliothek: Die Deutsche Nationalbibliothek verzeichnet diese Publikation in der Deutschen Nationalbibliografie; detaillierte bibliografische Daten sind im Internet über http://dnb.dnb.de abrufbar.

© 2016 67rockwell

Herstellung und Verlag:

BoD – Books on Demand, Norderstedt.

ISBN: 9783743180611

Geleitwort

Die Komplexität von Sachversicherungsprodukten bezieht sich im Wesentlichen auf Variationen der Grundprodukte, die entweder wie in der Kfz-Haftpflichtversicherung vom Gesetzgeber vorgeschrieben sind oder die sich noch in früheren Zeiten der materiellen Versicherungsaufsicht entwickelt haben. Im Wesentlichen handelt es sich um Zusatzdeckungen, die in regulierten Zeiten als verzichtbar bzw. nicht versicherbar galten. Beispiele sind die Mitversicherung der Haftung für minderjährige Kinder in der Privathaftpflichtversicherung oder von grob fahrlässig verursachten Schäden in der Hausrat- und Wohngebäudeversicherung.

Warum aber galten diese Zusatzleistungen früher als verzichtbar oder nicht versicherbar? Weil es keinen Wettbewerb um die Produkte gab. Wettbewerb wurde in erster Linie über die Vertriebskraft ausgetragen, in zweiter Linie mit weitem Abstand über den Preis. Vertriebskraft hieß, dass diejenigen Versicherer am schnellsten wuchsen, die die besten Ausschließlichkeitsorganisationen, die aggressivsten Strukturvertriebe oder die meisten Jung-Makler an sich binden konnten, die vor allem in den 1990er Jahren zuvor aus der Ausschließlichkeit geflüchtet sind. Letztere wurden schnell von Maklerpools eingesammelt, die seitdem den maklerorientierten Versicherern das rasche Wachstumsglück versprechen.

Was aber ist heute die Realität, mehr als 20 Jahre nach der Produktderegulierung? Der Wettbewerb wird immer noch über die Vertriebskraft ausgetragen, und mit deutlich kürzerem Abstand über den Preis. Dass beispielsweise Check24 der wichtigste Neugeschäftslieferant für Kfz-Versicherungen geworden ist, liegt nicht etwa an den herausragenden Zusatzdeckungen, die sich innovative Versicherer für dieses Portal ausgedacht haben. Das Geheimnis heißt Vertriebskraft im Internet und schnell realisierter Preisvorteil als wichtigster Anreiz für Kunden.

Differenzierungsvorteile über Produktvariationen sind von höchst kurzfristiger Natur. Anders als bei technischen Produkten oder Arzneimitteln gibt es keinen Patentschutz, der eine Abschöpfungsstrategie zum schnellen Return der Entwicklungskosten erlaubt. Versicherer können nur über die Penetrationsstrategie versuchen, möglichst schnell Masse zu machen. In einem stark verteilten Markt sind deshalb Sales Stories gefragt, mit denen Verkäufer animiert werden, Verdrängung zu betreiben und Kunden umzudecken. Echte Marktlücken gibt es jedenfalls im Privatkunden-Massengeschäft kaum noch.

Ein Treiber in der Entwicklung sind professionelle Produktbewerter, die wiederum von Versicherern und Vermittlern als Testimonials für ihre Kaufempfehlungen genutzt werden. Wie ein Beispiel aus der Nachbarsparte Lebensversicherung, die Berufsunfähigkeitsversicherung, belegt, kann der Einfluss der Ratingagenturen so gravierend ausfallen, dass am Ende eines langjährigen Wettrennens um die höchsten Bewertungen das Produkt herausragende Leistungen anbietet. Nur leider ist es für Normalkunden nicht bezahlbar, wenn sie nicht zufällig einer der wenigen, besonders begehrten Berufsgruppen mit niedrigem Schaden-Erwartungswert angehören und auf gar keinen Fall irgendeine Vorerkrankung aufweisen. Kein Wunder, dass die Branche inzwischen ernsthaft mit ihren Stakeholdern in Politik und Verbraucherschutz diskutiert, ob die Fragmentierung der Versichertenkollektive irgendwann dazu führt, dass Versicherer ihre Existenzberechtigung als Organisatoren von Gefahrengemeinschaften verlieren.

Insofern erstaunt ein Ergebnis der hier vorliegenden Studie überhaupt nicht. Kundenbedürfnisse sind nach Meinung der befragten Versicherungsmanager am wenigsten ausschlaggebend dafür, dass Versicherer komplexe Produkt-

und Tarifstrukturen entwickeln. Und damit wird ein weiteres Dilemma deutlich: Versicherer sind heute hochkomplexe, nach wissenschaftlichen Kriterien organisierte Verwaltungsbetriebe. Was darüber verloren gegangen ist, das ist ein tiefes Verständnis des Kunden und Einfühlungsvermögen in seine Bedürfnisse. Das belegen „Weisheiten", die gebetsmühlenartig in der Literatur wiederholt werden, ohne deshalb richtiger zu werden. So seien beispielsweise Versicherungen „Low interest-Products". Das kann nur behaupten, wer noch nie vor Ort seinem Kunden beigestanden hat, dessen Haus gerade abgebrannt ist, der in einen schweren Verkehrsunfall verwickelt wurde, dessen Wohnung von Einbrechern durchwühlt worden ist.

Oder die Behauptung, „Versicherungen werden verkauft und nicht gekauft". Auch das zeugt von geringer Kenntnis und Achtung des Kunden, der gerade in der Schadenversicherung sehr bewusst Versicherungen abschließt, wenn er deren Sinn einsieht. Auch hier empfiehlt sich, einmal die praktische Erfahrung von Erneuerungsgesprächen mit Wohngebäudeversicherungskunden zu machen, wie intensiv diese die Leistungen hinterfragen. Besonders aufschlussreich ist dies, wenn in der jüngeren Vergangenheit und in der näheren Umgebung der Kunden Überschwemmungen oder Rohrbrüche aufgetreten sind.

Kunden kaufen keine Schadenversicherungen wegen der „bunten Schleifchen", die sich Marketingabteilungen und Vertriebsorganisationen einfallen lassen. Kunden fragen sehr wohl Leistungen zu fairen Preisen nach, wenn sie den Sinn einsehen, beispielsweise weil eigene oder fremde Schadenereignisse die Verwundbarkeit der eigenen Person und des Vermögens verdeutlichen. Deshalb brauchen Versicherer einen Wettbewerb um gute Produkte, die sich veränderlichen Schadenbedarfen anpassen. Sie brauchen auch einen Wettbewerb um faire Preise. Dagegen brauchen sie keinen Wettbewerb um „bunte Schleifchen".

Vor allem aber brauchen Versicherer wieder viel mehr eigenen Kontakt zum Kunden. Dann lassen sich auch die in dieser Untersuchung angesprochenen Tarifanpassungen im Dialog mit dem Kunden argumentativ durchsetzen. Moderne Kommunikationsmedien sollten dies wirtschaftlich möglich machen. Und Versicherer brauchen Standards, die sie selbst entwickeln. Die Produktkomplexität sinkt signifikant, wenn sich die Branche auf standardisierte Mindestleistungen einigt. Beispielsweise versucht der Arbeitskreis Beratungsprozesse seit über zehn Jahren, die Versicherer von solchen Standards zu überzeugen. Neuerdings betätigt sich auch ein DIN-Arbeitskreis in diesem Bereich.

Wahre Innovationsfreude der Versicherer wäre, sich bei solchen Ansätzen engagiert einzubringen, statt eine vorsichtig-distanzierte, abwartende Haltung einzunehmen. Und weiter auf das „bunte Schleifchen" zu warten, das den ultimativen Differenzierungsvorteil bei den eigenen Vermittlern verschafft. Ein solches „Schleifchen" wird den Versicherern gerade von den europäischen Regulierern abgenommen. Provisionen und andere Anreize dürfen nicht mehr dazu führen, dass der Kunde nicht das bestmögliche Produkt empfohlen erhält, so die Versicherungsvertriebsrichtlinie IDD. Künftig müssen Versicherer ihre Kunden überzeugen, dass sie ein „High interest-Product" zum fairen Preis kaufen, statt sich ein „Low interest-Product" mit intransparenter Kostenstruktur verkaufen zu lassen.

Prof. Dr. Matthias Beenken **Dortmund, im August 2016**

Geleitwort

Die Produkt- und Bestandspolitik im Versicherungsunternehmen hat großen Einfluss auf den Komplexitätsgrad der Prozesse, insbesondere in den Schadens- und Betriebsbereichen und auch auf die IT-Anforderungen. In den letzten Jahren ist zu beobachten, dass der Komplexitätsgrad in den meisten Kompositversicherungsunternehmen durch eine Ausweitung der Produktvarianten und durch verkürzte Produktzyklen angestiegen ist. Viele Versicherer versuchen, sich über kontinuierliche Produktmodifikationen von ihren Wettbewerbern zu differenzieren und Marktanteile zu verteidigen und/oder hinzuzugewinnen. Bestandsübernahmen, die Zunahme der Bedeutung von Produktratings und -rankings sowie der Anstieg der Vertriebswegevielfalt fördern den Komplexitätsanstieg zusätzlich. Die Identifikation der wesentlichen Komplexitätstreiber in der Produkt- und Bestandspolitik, die Bewertung deren Einfluss auf die Prozesseffizienz sowie die Aufwendungen und die Ableitung von Ansätzen zur Handhabung der Komplexität werden daher zu immer wichtigeren Aufgaben im Versicherungsunternehmen.

In der versicherungswissenschaftlichen Literatur hat sich bisher kaum eine Arbeit umfassend dem Thema Management der Komplexität gewidmet. Die vorliegende Arbeit greift diese Lücke auf. Die Autoren beleuchten wichtige Einflussfaktoren auf die Komplexität im Versicherungsunternehmen und diskutieren unter Einbezug von Expertenmeinungen mögliche Ansätze, mit denen die Komplexität wertschöpfend reduziert werden kann. Die Arbeit widmet sich somit einem sehr aktuellen und wichtigen Thema für die Versicherungsbranche.

Prof. Dr. Florian Elert   **Hamburg, im Dezember 2016**

Herausgebervorwort

Die Umfeldbedingungen der Versicherungsbranche unterliegen seit mehr als über einem Jahrzehnt einem fortwährenden und dramatischen Wandel. Dieser Wandel drückt sich zum einen Teil in beobachtbaren, langanhaltenden Mega-Trends, zum anderen Teil aber auch in unerwarteten Strukturbrüchen aus. Mehr denn je stellen diese Veränderungen die Versicherungsunternehmen vor große Herausforderungen. Deregulierung und Wettbewerbsintensivierung haben dazu geführt, dass sich Versicherer zunehmend über ihre Produkte und Tarife differenzieren müssen und diese zu einem zentralen wettbewerbspolitischen Instrument geworden sind.

Das Versicherungsprodukt ist das abstrakte Dauerschutzversprechen in die Zukunft für den Versicherungsnehmer. Dabei handelt es sich um eine auf hohes Vertrauen ausgerichtete Dienstleistung, denn erst im Schaden- bzw. dem Leistungsfall erkennt der Kunde die Qualität des abgeschlossenen Versicherungsproduktes. Des Weiteren sind die Laufzeiten einzelner Versicherungsprodukte – anders als in Automotive mit ca. 7 Jahren – extrem lang, bis zu 27 Jahren in der Wohngebäudeversicherung. Dies hat im Ergebnis naturgegebenermaßen hohe Implikationen auf Größe und Qualität der zu betreuenden Versicherungsbestände.

Ein – wie oft umgesetzter – auf Kostenreduzierung ausgerichteter Maßnahmenkatalog hinsichtlich Bestands-, Prozess-, Betriebs- und Ressourcenoptimierung greift für die Versicherungsunternehmen zu kurz. Eine auf das Geschäftsmodell abgestimmte, dem Aspekt Komplexitätsreduzierung folgende Produktstrategie ist essentiell erforderlich; es gilt das optimale Maß wettbewerbsfähiger Komplexität zu identifizieren und diese nachhaltig im Versicherungsunternehmen zu implementieren.

Ein Vergleich mit der Automobilindustrie liefert interessante Ansätze. Es zeigt sich, dass der Faktor Komplexität sowie das Management von Komplexität sehr stark die operative Gestaltung von Produkten und Geschäftsmodellen prägen. Ähnlich wie in der Versicherungsbranche treiben im Wesentlichen die Produkte die Komplexität und damit einhergehend die Ineffizienzen entlang der Wertschöpfungsketten.

Am Beispiel der Baukastenstrategie in der Automobilbranche zeigt sich, dass, anders als in den Versicherungsunternehmen, durch Standardisierung und die vernetzte Entwicklung von Produkten innerhalb einer Matrixorganisation ein Maß an Variantenvielfalt realisiert wird, das in seiner Entstehung systemimmanent zu komplexitätsreduzierenden Entscheidungen führt.

Komplexität und nachhaltiges Management von Komplexitätsreduzierung sind somit zunehmend mehr ein wesentliches Handlungsfeld erfolgreicher Unternehmensstrategie und damit im Top-Management der Versicherer zu verankern.

Dr. rer. pol. Michael Reich   **Hamburg, im Juli 2016**
Geschäftsführender Gesellschafter
67rockwell Consulting

Inhaltsverzeichnis

Inhaltsverzeichnis	I
Abkürzungsverzeichnis	IV
Abbildungsverzeichnis	VI
Tabellenverzeichnis	VII

1 **Einleitung** 1
   1.1 Problemstellung und Ziele der Untersuchung 1
   1.2 Methodische Konzeption und Aufbau der Arbeit 4

2 **Theoretischer Bezugsrahmen** 6
   2.1 Grundlagen der Kompositversicherung 6
   2.2 Charakteristika von Kompositversicherungsprodukten 7
   2.3 Grundlagen der Wertschöpfung in Kompositversicherungsunternehmen 11
   2.4 Zusammenfassung 12

3 **Komplexität im Kontext heterogener Versicherungsbestände** ... 14
   3.1 Grundlagen zum Begriff der Komplexität 14
   3.2 Arten von Komplexität heterogener Versicherungsbestände ... 16
   3.3 Einflussfaktoren auf die Komplexität heterogener Versicherungsbestände 23
      3.3.1 Exogene Faktoren 24
      3.3.2 Endogene Faktoren 27
   3.4 Auswirkungen der Komplexität heterogener Versicherungsbestände 31
   3.5 Zusammenfassung 37

4 **Möglichkeiten zur Komplexitätsreduktion heterogener Versicherungsbestände** 38
   4.1 Vorüberlegungen 38
   4.2 Möglichkeiten zur Harmonisierung von Bestandsgenerationen ... 40
   4.3 Möglichkeiten der Reduktion der Produktvarianten 43

4.4 Zusammenfassung und Fazit 46

5 **Forschungsdesign und methodisches Vorgehen der empirischen Untersuchung** 48

  5.1 Datenerhebung und Fragebogendesign 48
  5.2 Auswahl der Stichprobe 51
  5.3 Auswertung der Daten 52

6 **Ergebnisse der empirischen Untersuchung** 56

  6.1 Relevanz von Komplexität heterogener Versicherungsbestände 56
  6.2 Relevanz der Einflussfaktoren auf die Komplexität heterogener Versicherungsbestände 57
  6.3 Auswirkungen der Komplexität heterogener Versicherungsbestände 62
  6.4 Ansätze zur Harmonisierung der Bestandsgenerationen 64
  6.5 Ansätze zur Reduktion der Produktvarianten 69
  6.6 Investitionskosten 70
  6.7 Verantwortlichkeit für die Umsetzung einer Komplexitätsreduktion ..72
  6.8 Bewertung der Auswirkungen von Komplexitätsreduktionen in heterogenen Versicherungsbeständen auf die Wertschöpfung 72
  6.9 Bewertung der Auswirkungen von Komplexitätsreduktionen in heterogenen Versicherungs-beständen anhand von Musterunternehmen 75
  6.10 Amortisation 78
  6.11 Umsetzung von Komplexitätsreduktionen in den Unternehmen 79

7 **Schlussbetrachtung** 81

  7.1 Fazit 81
  7.2 Weiterer Forschungsbedarf 85

8 **Fallstudie: Produktkomplexität in der Automobilindustrie** 87

  8.1 Komplexitätsmanagement als Herausforderung in der Automobilindustrie 87
  8.2 Komplexitätsreduktion in der Automobilindustrie am Beispiel Baukastenstrategie 89
  8.3 Rahmenbedingungen der Produktarchitektur 92
  8.4 Komplexität im Baukasten 94

9 Zusammenfassung	**97**
10 Anhang	**101**
Literaturverzeichnis	**123**

Abkürzungsverzeichnis

Abs.	Absatz
arithm.	arithmetisch
AVB	Allgemeine Versicherungsbedingungen
BaFin	Bundesanstalt für Finanzdienstleistungsaufsicht
BBE	Bruttobeitragseinnahmen
BGB	Bürgerliches Gesetzbuch
BGBl	Bundesgesetzblatt
bspw.	beispielsweise
bzw.	beziehungsweise
CIS	Community Innovation Surveys
d. h.	das heißt
e. V.	eingetragener Verein
et al.	und andere
etc.	et cetera
f. / ff.	folgende (Seite) / fortfolgende (Seiten)
GDV	Gesamtverband der Deutschen Versicherungswirtschaft e.V.
ggf.	gegebenenfalls
GmbH	Gesellschaft mit beschränkter Haftung
Hrsg.	Herausgeber
HUS	Haftpflicht-, Unfall- und Sachversicherung
i. d. R.	in der Regel
i.S.	im Sinne
IT	Informationstechnologie
i. V. m.	in Verbindung mit
Jg.	Jahrgang

Abkürzungsverzeichnis

Nr.	Nummer
o. J.	ohne Jahresangabe
o. V.	ohne Verfasserangabe
S.	Seite
Tsd.	Tausend
u. a.	unter anderem
URL	Uniform Resource Locator
VAG	Versicherungsaufsichtsgesetz
VersR	Versicherungsrecht (Zeitschrift)
vgl.	vergleiche
VHB	Bedingungen für die verbundene Hausratversicherung
VVaG	Versicherungsverein auf Gegenseitigkeit
VVG	Gesetz über den Versicherungsvertrag
VW	Versicherungswirtschaft (Zeitschrift)
z. B.	zum Beispiel
ZEW	Zentrum für Europäische Wirtschaftsforschung GmbH
z.T.	zum Teil
ZVersWiss	Zeitschrift für die gesamte Versicherungswissenschaft

Abbildungsverzeichnis

Abbildung 1: Dimensionen der Komplexität heterogener Versicherungsbestände am Beispiel der Verbundenen Wohngebäudeversicherung 19
Abbildung 2: Relevanz der Komplexität heterogener Versicherungsbestände 57
Abbildung 3: Einflussfaktoren für die Komplexität heterogener Versicherungsbestände 59
Abbildung 4: Ausmaß der Zustimmung der Experten zu H2 und H3 61
Abbildung 5: Ausmaß der Zustimmung der Experten zu H4 und H5 63
Abbildung 6: Ansätze zur Harmonisierung von Bestandsgenerationen 65
Abbildung 7: Grad der Zustimmung zu den Hypothesen H11 und H12 70
Abbildung 8: Auswirkungen von Komplexitätsreduzierungen auf die Wertschöpfungsaktivitäten im Versicherungsunternehmen 74
Abbildung 9: Kostensenkungspotenzial in Prozent der Verwaltungskosten 77
Abbildung 10: Bewertung von Komplexitätsreduzierungen in Bezug auf das eigene Unternehmen der Experten 80
Abbildung 11: Stufenweise Entwicklung von Produktarchitekturen 92
Abbildung 12: Wertschöpfungskette aus Sicht eines Erstversicherungsunternehmens 101
Abbildung 13: Fragebogen zum Experteninterview 102

Tabellenverzeichnis

Tabelle 1:	Vergleich der Entschädigungsgrenzen für Bargeld in den Bedingungen der Verbundenen Hausratversicherung (VHB)	21
Tabelle 2:	Übersicht der Hypothesen	112
Tabelle 3:	Berechnung der Wertschöpfung bei Versicherungen indirekte Methode	114
Tabelle 4:	Überblick der Rahmenbedingungen und Einflussfaktoren der Komplexität von Kompositversicherungsbeständen	116
Tabelle 5:	Musterunternehmen zur Expertenbefragung	118
Tabelle 6:	Berechnung von Lage- und Streuungsmaßen	120
Tabelle 7:	Komplexitätskriterien für die Rangfolge der Musterunternehmen	122

Einleitung

1 Einleitung

1.1 Problemstellung und Ziele der Untersuchung

Nicht nur Industrieunternehmen stehen vor der ständigen Herausforderung, die Komplexität der Produktvielfalt, die u. a. aus Produktneuentwicklungen und -modifikationen resultiert sowie die daraus entstehenden Verwaltungskosten zu bewältigen.[1] Auch IT- und Dienstleistungsunternehmen wie Microsoft unterliegen dieser Problematik. Automobilhersteller lösen diese, indem sie die Herstellung von bspw. Ersatzteilen nach einigen Jahren einstellen. Auch Microsoft stellt den Support für seine Betriebssysteme ein.[2] Somit wird der Endnutzer gezwungen, sich ein neues Produkt zu kaufen. Das Unternehmen kann damit die Kosten für das Altprodukt stark rationalisieren.

Auch Versicherungsunternehmen müssen sich der Aufgabe stellen, die zunehmende Komplexität ihrer Bestände und die daraus resultierenden Implikationen zu reduzieren.[3] Bis zur Deregulierung des Versicherungsmarktes 1994 dominierte in Deutschland eine strenge materielle Versicherungsaufsicht, die eine Vorabgenehmigung der Versicherungsbedingungen und -tarife umfasste und somit einen Wettbewerb bezüglich der Versicherungsprodukte weitgehend einschränkte. Mit der Liberalisierung der Europäischen Union musste das System der materiellen Aufsicht in Deutschland grundlegend modifiziert werden mit der Folge einer steigenden Wettbewerbsdynamik in der Versicherungsbranche.[4] Deregulierung und

---

[1] Siehe Drexl-Wittbecker (2008, Komplexität), S. 20.
[2] Vgl. Windows (2014; Lebenszyklus).
[3] Siehe Lixenfeld, C. (2007, Strategie).
[4] Siehe Farny, D. (2011; Versicherungsbetriebslehre), S. 114 f.

Wettbewerbsintensivierung haben dazu geführt, dass sich Versicherer zunehmend über ihre Produkte und Tarife differenzieren müssen und diese zu einem zentralen wettbewerbspolitischen Instrument geworden sind. In der Folge haben Versicherungsunternehmen neue, kundenorientierte Deckungskonzepte entwickelt, um Marktanteile zu sichern bzw. zusätzliche zu generieren. Seit der Deregulierung entstand somit eine Produktvielfalt sowie hieraus resultierend, eine zunehmende Heterogenität in den Versicherungsbeständen.[5] Über die aktuellen Verkaufsprodukte hinaus werden auch nicht mehr aktiv vermarktete Produkte im Bestand – aufgrund der Langfristigkeit der Verträge und des Dauerschuldverhältnisses – weitergeführt. Abwicklung, Produktpflege, Instandhaltung der mannigfachen IT-Systeme sowie Schadenregulierung verursachen wiederkehrende Aufwendungen. Insbesondere sind hier zusätzliche Kosten der notwendigen Verwaltung und Betreuung der vielzähligen Produktgenerationen und -varianten zu nennen. Daraus resultiert die Notwendigkeit einer aktiven Steuerung der Komplexität der Produktlandschaft und somit des Versicherungsbestands. Im Gegensatz zu den Beispielen aus der Automobil- und IT-Branche unterliegen Versicherungen aber speziellen Charakteristika, die eine vergleichsweise einfache Lösung nicht zulassen. Die Fragen nach den Möglichkeiten zur Komplexitätsreduzierung heterogener Versicherungsbestände sowie dessen tatsächlicher Nutzen sind im Versicherungsmarkt trotz der weiten Verbreitung und des hohen Stellenwerts der Thematik bisher nur geringfügig untersucht worden.[6]

Ziel dieser Untersuchung ist es, einen Beitrag zur wissenschaftlichen Diskussion der Komplexitätsthematik zu leisten, der zum einen Transparenz in der Diskussion schafft sowie die Wirkung und Möglichkeiten von Komplexitätsreduzierung in heterogenen Versicherungsbeständen und deren

---

[5] Siehe Wagner, F. (Hrsg.) (2011, Versicherungslexikon), S. 497 f.
[6] Siehe Esser, M.; Horst, J.; et al. (2014, Komplexität), S. 39 sowie Blockus, M. (2010, Komplexitätsmanagement), S. 68.

Einleitung

Erfolgspotenziale betrachtet. Im Rahmen dieser Untersuchung sollen dabei die folgenden fünf Forschungsfragen näher analysiert werden, um damit Rückschlüsse auf die Erfolgspotenziale zu erlangen:

F_1 Was ist Komplexität heterogener Versicherungsbestände, welche Ausprägungen existieren und wodurch entsteht diese?

F_2 Wie wirkt sich die Komplexität heterogener Versicherungsbestände auf das Versicherungsgeschäft und -unternehmen aus?

F_3 Welche Möglichkeiten existieren, die Komplexität heterogener Versicherungsbestände zu reduzieren?

F_4 Welche Kosten-Nutzen-Wirkung lässt sich durch eine Komplexitätsreduzierung heterogener Versicherungsbestände erzielen und welche Einflussfaktoren müssen hierbei Berücksichtigung finden?

F_5 Für welche Versicherungsunternehmen und in welchen Situationen ist eine Komplexitätsreduzierung heterogener Versicherungsbestände vorteilhaft?

1.2 Methodische Konzeption und Aufbau der Arbeit

Zur Erreichung der aufgezeigten Forschungsziele orientiert sich die Arbeit methodisch an der wissenschaftstheoretischen Programmatik des Wissenschaftlichen Rationalismus, gemäß derer deduktive und induktive Forschungsverfahren[7] verbunden werden können. Durch diese spezielle Vorgehensweise kann den Besonderheiten in den Wirtschafts- und Sozialwissenschaften Rechnung getragen werden. Insbesondere ermöglicht diese die Weiterentwicklung der Wissenschaft nicht nur durch Falsifikation von Aussagen und Theorien, sondern auch durch deren Bestätigung.[8] Entsprechend dieser Konzeption wird auch in der vorliegenden Untersuchung eine Verbindung des Deduktions- und Induktionsprinzips vorgenommen. Konkret werden die Hypothesen deduktiv auf Grundlage der vorhandenen allgemeinen Fachliteratur und Erkenntnisse abgeleitet, um diese nachfolgend empirisch mittels Verifikation – als eigentlich induktives Bestätigungsprinzip – zu prüfen. Nachdem die methodische Konzeption, die im Rahmen der nachfolgenden Untersuchung Anwendung findet, vorgestellt wurde, soll nun ein kurzer Einblick in den Aufbau der vorliegenden Untersuchung gegeben werden.

Ausgehend von einer allgemeinen Einführung in die Thematik der Komplexitätsreduktion – insbesondere unter Betrachtung anderer Branchen – werden zum besseren Verständnis der Probleme in der Versicherungswirtschaft im zweiten Abschnitt die theoretischen Grundlagen und Charakteristika der Kompositversicherung dargestellt. Zur Beantwortung der eingangs formulierten Forschungsfragen werden in Kapitel drei zunächst

---

[7] Gemäß dem Deduktionsprinzip werden Hypothesen durch den Schluss vom Allgemeinen auf das Besondere abgeleitet und durch die Falsifikation (Widerlegung) empirisch geprüft. Das Deduktionsprinzip hingegen beschreibt den abstrahierenden Schluss vom Besonderen (aus Einzelerkenntnissen) auf das Allgemeine (Regelmäßigkeiten). Die empirische Prüfung erfolgt mittels Verifikation (Nachweis mittels positiver empirischer Befunde). Vgl. Töpfer, A. (2012): Erfolgreich Forschen: ein Leitfaden für Bachelor-, Master-Studierende und Doktoranden, 3. Auflage, Wiesbaden, Vgl. S. 113 und S. 128 ff.

[8] Vgl. Töpfer, A. (2012, Forschen), S. 127 ff.

Einleitung

die in der betriebswirtschaftlichen Literatur existierenden allgemeinen Definitionen und Erscheinungsformen von Komplexität auf den Kontext heterogener Versicherungsbestände übertragen. Basierend auf den Grundlagen werden nachfolgend spezielle Einflussfaktoren und Auswirkungen auf die Komplexität in heterogenen Versicherungsbeständen deduktiv in Form von Hypothesen herausgearbeitet und anschließend im vierten Kapitel mögliche Lösungsvarianten zur Komplexitätsreduzierung abgeleitet.[9] Da in der Literatur und Praxis die Bewertung der Komplexität bisher nur in geringem Maße untersucht wurde,[10] soll mittels einer empirischen Untersuchung ein Beitrag zur Schließung dieser Lücke geleistet werden. Zu diesem Zweck wurde eine Befragung von Experten aus der Versicherungsbranche in Form von Interviews durchgeführt. Für die empirische Untersuchung wurde eine Kombination aus quantitativen und qualitativen Forschungsinstrumenten gewählt, um neben der Ableitung von Implikationen auch die Prüfung der in Kapitel drei und vier aufgestellten Hypothesen zu ermöglichen. Die Vorgehensweise sowie das Untersuchungsdesign werden in Kapitel fünf beschrieben. In Kapitel sechs erfolgt die Auswertung der Ergebnisse zur Erhebung. Diese werden naturgemäß im Kontext der oben gestellten Forschungsfragen interpretiert. Abschließend werden die Implikationen für die Versicherungswirtschaft abgeleitet und im Rahmen eines Fazits dargestellt.

Nachdem ausführlich in die Problemstellung und die damit verbundene Ausgangssituation eingeführt wurde, soll im folgenden Kapitel der theoretische Bezugsrahmen dieser Untersuchung vorgestellt werden.

---

[9] Eine Übersicht der Hypothesen kann der Tabelle 2 im Anhang entnommen werden.
[10] Vgl. Blockus, M. (2010, Komplexitätsmanagement), S.27 f.

2 Theoretischer Bezugsrahmen

Der theoretische Bezugsrahmen dient dem näheren Verständnis und der Einordung der Kompositversicherung in den Gesamtzusammenhang der vorliegenden Publikation. Insbesondere ist ein Grundverständnis im Hinblick auf die Kompositprodukte der Versicherungswirtschaft notwendig, um die Ergebnisse der vorgesehenen empirischen Untersuchung entsprechend interpretieren zu können.

2.1 Grundlagen der Kompositversicherung

In der Literatur wird unter dem Terminus „Versicherung" eine Dienstleistung verstanden, die dem Versicherungsnehmer Schutz in unterschiedlichen Lebenssituationen bietet. Dieser wird vom Versicherungsunternehmen produziert und vom Versicherungsnehmer nachgefragt sowie nutzenstiftend verwendet.[11] Man unterscheidet grundsätzlich in der Versicherungsbranche zwischen Firmen- und Privatversicherungen.[12]

In der Praxis existieren aufgrund des Spartentrennungsgebots[13] in Deutschland drei Typen von Erstversicherungsunternehmen: Lebens-, Kranken- und Kompositversicherungsunternehmen. Mit Kompositversicherung wird die

---

[11] Für eine detailliertere Begriffsbestimmung wird auf die Definition gemäß Farny verwiesen. Siehe Farny, D. (2011, Versicherungsbetriebslehre), S. 583 ff.

[12] Aufgrund der Unterschiede in den Firmen- und Privatversicherungen sowie der Begrenzung des Umfangs der Arbeit wird zur Sicherstellung einer möglichst detaillierten Untersuchung eine Einschränkung auf die Privatversicherung vorgenommen. Alle Ausführungen beziehen sich im Weiteren deshalb auf das private Kompositversicherungsgeschäft.

[13] Zur Wahrung der Belange der Versicherungsnehmer schließen sich die Erlaubnis zum Betrieb der Lebensversicherung mit anderen Versicherungszweigen einander aus. Das gleiche gilt für die Erlaubnis zum Betrieb der Krankenversicherung (Spartentrennungsgebot gemäß § 8 la VAG). Vgl. Wagner, F. (Hrsg.) (2011, Versicherungslexikon), S. 594.

Theoretischer Bezugsrahmen 7

Schaden-/Unfallversicherung bezeichnet, die sich generell in die Zweige[14] Haftpflicht-, Unfall- und Sachversicherungen[15] (HUS) sowie Kraftfahrt- und Rechtsschutzversicherung[16] gliedert. Der Kompositversicherungsbestand bezeichnet dabei die Gesamtheit der Kompositversicherungsverträge eines Versicherungsunternehmens oder auch eines -zweiges. Die zugrunde gelegte Bezugsgröße ist gemeinhin die Anzahl der Verträge, deren Versicherungssumme oder das Prämienvolumen.[17]

Dem besseren Verständnis nachfolgender Analysen geschuldet, sollen im folgenden Abschnitt die Besonderheiten von Kompositversicherungsprodukten weiter herauskristallisiert werden.

2.2 Charakteristika von Kompositversicherungsprodukten

Der Begriff des Versicherungsproduktes umfasst das abstrakte Dauerschutzversprechen in die Zukunft im weiteren Sinne und die Versicherungsdeckung, die den Versicherungsschutz rechtlich und inhaltlich durch Allgemeine und Besondere Versicherungsbedingungen bestimmen, im

---

[14] In der Praxis kommt es oft zu einer Überschneidung der Begriffe Versicherungssparten und -zweige. Eine einheitliche Abgrenzung lässt sich in der Literatur nicht identifizieren. Im Rahmen der Arbeit wird deshalb folgende Definition vorgenommen: Unter dem Begriff Versicherungssparte werden die Arten von Erstversicherern verstanden. Versicherungszweige bezeichnen hingegen die einzelnen Versicherungsarten einer Sparte wie bspw. Haftpflicht- oder Unfallversicherung. Siehe Wagner, F. (Hrsg.) (2011, Versicherungslexikon), S. 728 und 736.

[15] Zu den Sachversicherungen zählen bspw. die (Verbundene) Hausrat- und Wohngebäudeversicherung. Vgl. Wagner, F. (Hrsg.) (2011, Versicherungslexikon), S. 594 f.

[16] Im Zuge der Arbeit wird nicht weiter auf die Rechtsschutzversicherung eingegangen, da diese in der Praxis primär noch getrennt betrieben wird. Dies ist zum einen der Historie geschuldet, da bis 1990 das Spartentrennungsgebot auch für die Rechtsschutzversicherung galt. Zum anderen muss auch heute noch die Leistungsbearbeitung durch ein rechtlich selbstständiges Schadenabwicklungsunternehmen erfolgen, sofern die Rechtsschutzversicherung parallel mit weiteren Sparten betrieben wird. Vgl. Wagner, F. (Hrsg.) (2011, Versicherungslexikon), S. 527.

[17] Vgl. Fürstenwerth, F. von; Weiß, A. (2001, Versicherungs-Alphabet), S. 695.

engeren Sinne. Dabei verpflichtet sich der Versicherer gegen die Zahlung eines festgelegten Preises (Prämie) bei Eintritt eines definierten Versicherungsfalls dem Versicherungsnehmer eine Versicherungsleistung als Kompensation des Schadens (meistens monetär) zu leisten, damit der Zustand vor Schadeneintritt wieder hergestellt werden kann.[18] Die Kompensation des Schadens durch die Versicherungsleistung wird in dem sogenannten Versicherungsvertrag geregelt.

Ein Versicherungsvertrag setzt sich aus den Komponenten bestimmter Risiko-, Spar-/Entspar- und Dienstleistungsgeschäfte zusammen. Das Versicherungsprodukt kann dabei als ökonomische Einheit einer Mehrzahl von Versicherungsverträgen verstanden werden.[19] Das Risikogeschäft konkretisiert den Risikotransfer einer Wahrscheinlichkeitsverteilung von Schäden vom Versicherungsnehmer auf das Versicherungsunternehmen und bildet somit den Kern eines Versicherungsprodukts.[20] Dabei kann es um Leistungen des Spar-/Entspar- sowie Dienstleistungsgeschäfts ergänzt werden.[21] Die Beschreibung des Gesamtversicherungsgeschäfts erfolgt dabei grundlegend in den Allgemeinen und Besonderen Versicherungsbedingungen.[22] Im Rahmen dieser Arbeit wird ein Versicherungsprodukt auf der Ebene der Versicherungsbedingungen abgegrenzt, d. h., dass jede Produktvariante einer Bedingungsgeneration und -version je Versicherungszweig als eigenständiges

---

[18] Vgl. Wagner, F. (Hrsg.) (2011, Versicherungslexikon), S. 476 f.

[19] Vgl. Farny, D. (2011, Versicherungsbetriebslehre), S. 395.

[20] Vgl. Farny, D. (2011, Versicherungsbetriebslehre), S. 22 ff.

[21] In der Kompositversicherung ist der Anteil an Spar-/Entspargeschäften verhältnismäßig gering, da außer bspw. in der Unfallversicherung mit Prämienrückgewähr kaum planmäßige Spar-/Entspargeschäfte wie bspw. in der Lebens- und Krankenversicherung betrieben werden. Siehe Farny, D. (2011, Versicherungsbetriebslehre), S. 53 f. Aufgrund der nur relativ geringen Bedeutung des Spar-/Entspargeschäfts in der Kompositversicherung wird in der Arbeit nicht vertiefend auf dieses eingegangen.

[22] Eine Erweiterung des Versicherungsschutzes mittels individuell vereinbarter Vertragsinhalte bspw. in der Police über die Versicherungsbedingungen hinaus ist grundsätzlich möglich. Diese Individualabreden werden dann als „lex specialis" ebenfalls Vertragsbestandteil. Siehe Wagner, F. (Hrsg.) (2011, Versicherungslexikon), S. 97 sowie 492.

Theoretischer Bezugsrahmen

Versicherungsprodukt zu betrachten ist. Dies ist klar abzugrenzen von den verschiedenen Tarifversionen, da diese in der Praxis im Allgemeinen die Prämienkalkulation regeln, aber keine neuen inhaltlichen Änderungen des Versicherungsschutzes bzw. der Versicherungsleistung beinhalten.[23]

Um in Kapitel drei die Besonderheiten von Komplexität in heterogenen Versicherungsbeständen diskutieren zu können, sind in einem ersten Schritt dafür zunächst die wesentlichen Besonderheiten des Versicherungsprodukts genauer zu betrachten.[24] Das Versicherungsprodukt als Dienstleistung unterscheidet sich aufgrund seiner Immaterialität deutlich von Sachgütern. Bei Sachgütern ist es dem Kunden möglich, vor dem Erwerb die Qualität des Produktes durch Betrachten oder sogar einen Test – dies kann beispielweise eine Probefahrt beim Autokauf oder das Anprobieren von Kleidung sein – zu prüfen. Bei einer Dienstleistung fehlt dem Kunden diese Möglichkeit vollständig. Einzig mittels der Erfahrungen, die eventuell bereits selbst gesammelt wurden oder durch andere Kunden und durch Informationen durch den Versicherer kann auf die Qualität der Dienstleistung geschlossen werden. Dies ist grundsätzlich bei allen Dienstleistungsprodukten der Fall. Während bei vielen Dienstleistungen die Qualität direkt beim Kauf oder kurz danach beurteilt werden kann (bspw. Reparaturen, Friseur), besteht die Dienstleistung des Versicherungsunternehmens in der Übernahme des versicherten Risikos und der Gewährung des Versicherungsschutzes. Bis zum Leistungsfall kann der Versicherungsnehmer nicht überprüfen, ob der Versicherer sein Leistungsversprechen einhält.[25] Es handelt sich somit in höchstem Maß um ein Vertrauensgut, das aufgrund seiner fehlenden physischen Substanz rechtlich

---

[23] Siehe Wagner, F. (Hrsg.) (2011, Versicherungslexikon), S. 646.

[24] Eine vollständige Betrachtung der Besonderheiten des Versicherungsproduktes kann im Rahmen dieser Untersuchung nicht geleistet werden. Weiterführend wird deshalb hierzu auf Farny verwiesen. Siehe Farny, D. (2011, Versicherungsbetriebslehre), S. 583 ff.

[25] Vgl. Riege, J. (1990, Versicherungsprodukt), S. 429 ff.

durch Versicherungsverträge und faktisch durch Informationen materialisiert werden muss.[26] Hierin zeigt sich insbesondere die immense Bedeutung der Allgemeinen wie auch Besonderen Bedingungen eines Versicherungsprodukts. Das Versicherungsprodukt gilt als Low-Interest-Produkt[27], das aktiv verkauft werden muss.[28] Trotz der eigentlich initial sehr kurzen Vertragslaufzeiten von einem bis maximal drei Jahren[29] in der Kompositversicherung dauert die tatsächliche Vertragsbeziehung aufgrund der automatischen Verlängerung und dem geringen Interesse am Produkt selbst in vielen Zweigen der Kompositversicherung weitaus länger. Erfahrungen von 67rockwell Consulting auf Basis einer in 2014 durchgeführten Studie zeigen, dass die durchschnittliche Vertragsbeziehung in der Wohngebäudeversicherung je nach Versicherer zwischen zehn und 27 Jahren beträgt.[30] Der Marktdurchschnitt liegt dabei bei fast 16 Jahren.[31] Die Tatsache, dass solche Verträge nur in größeren Zeitabständen auf die aktuellen Bedingungen angepasst werden, begründet u. a. die zahlreichen unterschiedlichen Produktgenerationen im Versicherungsbestand.

Nachdem im vorangegangenen Abschnitt insbesondere auf die grundsätzlichen Unterschiede zwischen Dienstleistungsprodukten und deren Auswirkungen an der Kundenschnittstelle eingegangen wurde – wie sie in der Kompositsparte der Versicherungen anzutreffen sind – gilt es nun, dem

---

[26] Siehe Farny, D. (2011, Versicherungsbetriebslehre), S. 583.

[27] „Konsumgut, dem die Verbraucher ein geringes Interesse entgegenbringen und das durch habituelles Kaufverhalten charakterisiert ist. Mit habituellem Kaufverhalten sind i. d. R. hohe Marken- bzw. Ladentreue verbunden." Brich, S.; Hasenbalg, C.; Winter, E. (Hrsg.) (2014, Wirtschaftslexikon), S. 2056.

[28] Vgl. Wagner, F. (Hrsg.) (2011, Versicherungslexikon), S.384, S. 742.

[29] Die maximale Vertragsdauer ist seit 2008 vom Gesetzgeber faktisch auf drei Jahre begrenzt, da dem Versicherungsnehmer unabhängig von der vertraglich vereinbarten Laufzeit gemäß § 11 Nr. 4 VVG nach drei Jahren das ordentliche Kündigungsrecht zusteht.

[30] Vgl. 67rockell (2014, Studie zur Wohngebäudeversicherung).

[31] Vgl. Wichert, B. (2013, Wohngebäudeversicherung), S. 18.

vorgestellten Vorgehen folgend, die wesentlichen Unterschiede in der Wertschöpfung von Kompositversicherungsunternehmen herauszuarbeiten.

2.3 Grundlagen der Wertschöpfung in Kompositversicherungsunternehmen

Grundsätzlich versteht man unter dem Begriff der Wertschöpfung den durch Kombination von Produktionsfaktoren geschaffenen Wertzuwachs eines Unternehmens in einer bestimmten Periode.[32] Wertschöpfung ist folglich nicht der Prozess der Produktion, sondern das Ergebnis dieser.[33] Die Unternehmenswertschöpfung spiegelt dabei die Eigenleistung eines Unternehmens wider. Gemäß dem Shareholder-Value-Ansatz ergibt sich die Wertschöpfung als Differenz aus der unternehmerischen Gesamtleistung abzüglich der Vorleistungen und der Kosten der Leistungserstellung.[34]

Im Unterschied zum industriellen Bereich, in dem häufig Produktionsmittel wie Maschinen oder Rohstoffe einen Großteil des betrieblichen Kapitals binden, ist die Wertschöpfung eines Versicherungsunternehmens wesentlich durch immaterielle Wirtschaftsgüter – wie bspw. die Vertriebsorganisation, die Vertragswerke, Kalkulationsinstrumente und die Unternehmensmarke sowie insbesondere durch Prozesse (u. a. Risikokalkulation, Schadenmanagement) – geprägt. Die Gesamtwertschöpfung eines Versicherungsunternehmens kann als die Summe der Wertschöpfung aus dem Versicherungsgeschäft und der Wertschöpfung aus Kapitalanlagen sowie sonstigen nicht-

---

[32] Vgl. o. V. (2002, Wertschöpfung), S. 8
[33] Vgl. Strauss, B.; Bruhn, M. (2007, Wertschöpfungsprozess), S. 5.
[34] Vgl. Ortner, A. (2007, Wertschöpfung), S. 26. Die Berechnung der Wertschöpfung ist in der Tabelle 3 im Anhang dargestellt. Im Rahmen dieser Arbeit wird aufgrund der vorrangig shareholderorientierten Ausrichtung der Versicherungsunternehmen in Deutschland, nur der Shareholder-Value-Ansatz benannt. Vgl. GDV (Hrsg.) (2014, Taschenbuch), S. 3.

versicherungstechnischen Geschäften angesehen werden.[35] Um den Beitrag einzelner Aktivitäten im Unternehmen zu ermitteln, bietet es sich an, die Wertschöpfungskette heranzuziehen. Die Wertschöpfungskette untergliedert die Unternehmensaktivitäten der betrieblichen Leistungserstellung in strategisch relevante Teilverrichtungen, die Werte schaffen sowie Ressourcen verbrauchen und in Prozessen miteinander verbunden sind.[36] Durch die Zuschreibung von Nutzen und Kosten zu den einzelnen Wertschöpfungsaktivitäten kann der Wertschöpfungsbeitrag ermittelt werden. In der Kompositversicherung ist der Anteil der Wertschöpfung aus Kapitalanlagen von weitaus geringerer Bedeutung als in der Kranken- und Lebensversicherung, da hier nur in geringem Maße Spar-/Entspargeschäfte (bspw. in der Unfallversicherung mit Prämienrückgewähr) betrieben werden und somit nur geringfügig Kapital am Kapitalmarkt angelegt wird.[37] Auf Grundlage einer Kostenreduzierung in den einzelnen Wertschöpfungsaktivitäten kann bei gleichbleibendem Nutzen Wert im Unternehmen geschaffen werden.

2.4 Zusammenfassung

Im Rahmen des Kapitels „Theoretischer Bezugsrahmen" wurden die wesentlichen Grundlagen zum besseren Verständnis der allgemeinen Problemlage über den Ursprung und Auswirkungen im Sinne der steigenden Komplexität von heterogenen Versicherungsbeständen gelegt.

---

[35] Siehe Farny, D. (2011, Versicherungsbetriebslehre), S. 53 f.

[36] Die Abbildung der Wertschöpfungskette im Versicherungsunternehmen kann der Abbildung 11 im Anhang entnommen werden. Siehe hierzu weiterführend auch Köhne, T. (2004, Wertschöpfungspartnerschaften), S. 6 ff.

[37] Die Kosten lassen sich über die den Wertschöpfungsaktivitäten zugrunde liegenden Geschäftsprozesse erfassen. Der Nutzen kann hingegen nur über die Zuweisung von Prozesskosten zu Produkten dargestellt werden. Vgl. Köhne, T. (2004, Wertschöpfungspartnerschaften), S. 8.

Theoretischer Bezugsrahmen

Wie dargestellt umfasst das Versicherungsprodukt das abstrakte Dauerschutzversprechen in die Zukunft für den Versicherungsnehmer. Dabei wurde eindrücklich gezeigt, dass es sich bei dem Versicherungsprodukt um eine auf hohes Vertrauen ausgerichtete Dienstleistung handelt, denn erst im Schaden- bzw. dem Leistungsfall erkennt der Kunde die Qualität des abgeschlossenen Versicherungsproduktes. Des Weiteren wurde herausgearbeitet, dass die Laufzeiten einzelner Versicherungsprodukte – anders als in Automotive mit ca. 7 Jahren – [38] extrem lang, bis zu 27 Jahren in der Wohngebäudeversicherung, sind. Dies hat im Ergebnis naturgegebenermaßen hohe Implikationen auf Größe und Qualität der zu betreuenden Versicherungsbestände.

Wie außerdem gezeigt wurde, ist der Anteil der Wertschöpfung aus Kapitalanlagen in der Kompositversicherung von untergeordneter Bedeutung. Deshalb muss der Kompositversicherer sein Geschäft bestmöglich, d. h. kostenoptimal organisiert haben, da hier die großen Hebel für Wertschöpfung und damit zur Wertsteigerung des Unternehmens liegen.

Nachdem eingehend der „Theoretische Bezugsrahmen" zur besseren Eingrenzung der Problemstellung dargestellt wurde, soll im Weiteren auf die Komplexität heterogener Versicherungsbestände eingegangen werden.

---

[38] Expertenschätzung

3 Komplexität im Kontext heterogener Versicherungsbestände

3.1 Grundlagen zum Begriff der Komplexität

In der Praxis sehen sich Industrie- wie auch Dienstleistungsunternehmen aktuell in den unterschiedlichsten Bereichen mit dem Thema der Komplexität konfrontiert. Gemäß einer Studie der Camelot Management Consultants AG aus dem Jahr 2012 wird von 83% der befragten Manager aus Industrieunternehmen das Komplexitätsniveau als zu hoch empfunden.[39] Vor dem Hintergrund der Industrialisierung und dem steigenden Wettbewerb in der Versicherungsbranche erhält die Beherrschung der Komplexität auch für Versicherungsunternehmen eine zunehmende Bedeutung.

In der wissenschaftlichen Literatur lässt sich nur schwer ein einheitliches Verständnis des Terminus Komplexität finden, obwohl die Komplexitätsthematik in verschiedenen Wirtschaftsdisziplinen diskutiert wird. Eine mögliche Erklärung liegt in der Vieldeutigkeit und Mehrdimensionalität des Komplexitätsbegriffes. Die betriebswirtschaftliche Literatur setzt sich mit diesem vorrangig in Bezug auf die Komplexität von Unternehmen als soziotechnisches System auseinander. Demnach wird Komplexität definiert als die „Gesamtheit aller voneinander abhängigen Merkmale und Elemente, die in einem vielfältigen, aber ganzheitlichen Beziehungsgefüge (System) stehen."[40] Den Komplexitätsdefinitionen sind die Merkmale der Varietät (Vielzahl),

---

[39] Schey, V.; Roesgen, R. (2012, Complexity), S. 7.
[40] Brich, S.; Hasenbalg, C.; Winter, E. (Hrsg.) (2014, Wirtschaftslexikon), S. 1823.

Heterogenität (Vielfalt) sowie der Variabilität (Veränderlichkeit) gemein.[41] Diese Eigenschaften müssen jedoch nicht alle zusammen erfüllt sein, damit ein System oder eine Problematik als komplex bezeichnet wird. Die Vielzahl oder auch Varietät äußert sich in der Anzahl an unterschiedlichen Elementen und Relationen dieser. Die Verschiedenartigkeit der Elemente und Relationen lässt sich unter dem Begriff der Heterogenität subsumieren. Bei einer statischen Betrachtung stellen die Varietät und Heterogenität die entscheidenden Dimensionen zur Erklärung von Komplexität dar. Die Veränderlichkeit oder auch Variabilität kann ergänzend betrachtet werden, um die Komplexität durch sich bspw. ändernde Rahmenbedingungen und Einflussfaktoren zu erfassen.[42]

In Bezug auf den Umgang mit Komplexität existieren zwei unterschiedliche Ansätze zum Komplexitätsmanagement. Zum einen wird Komplexität als Problem betrachtet, d. h. etwas Unerwünschtes, das beherrscht und reduziert werden muss. Zum anderen wird diese als immanente Eigenschaft von Systemen betrachtet, mit der es zu leben gilt. In der betriebswirtschaftlichen Literatur herrscht vorrangig eine problembezogene Sichtweise auf Komplexität.[43] Trotzdem kann Komplexität sowohl eine positive als auch eine negative Ausprägung annehmen. Einerseits kann diese überproportionale Kosten verursachen, andererseits ist Komplexität aber auch essentiell für den Unternehmensbetrieb und die Wertgenerierung, bspw. zur Wettbewerbsdifferenzierung.[44] Handlungsalternativen im Sinne des Komplexitätsmanagements sind die Reduzierung, Beherrschung und

---

[41] Siehe vertiefend Komplexitätsbegriff auch Kirchhof, R. (2003): Ganzheitliches Komplexitätsmanagement; Grundlagen und Methodik des Umgangs mit Komplexität im Unternehmen, Wiesbaden, S. 11 ff. sowie Blockus, M. (2010, Komplexitätsmanagement), S. 1 ff.

[42] Als vierte Dimension führt Gießmann die Unsicherheit oder Vieldeutigkeit an. Diese Dimension ist aber nicht allen Definitionen gemein, sodass diese im Weiteren nicht betrachtet wird. Vgl. Gießmann, M. (2010, Komplexitätsmanagement), S. 31 ff. sowie in Abgrenzung hierzu Blockus, M. (2010, Komplexitätsmanagement), S. 6 ff.

[43] Vgl. Kirchhof, R. (2003, Komplexitätsmanagement), S. 55.

[44] Vgl. Boysken, M.; Kotlik, L. (2013, Komplexitätscontrolling):, S. 49.

Vermeidung von Komplexität.[45] Dabei ist diejenige Komplexität zu identifizieren, die keinen wesentlichen Mehrwert für das Unternehmen generiert, um diese zu reduzieren und zukünftig zu vermeiden.[46] Demgegenüber gilt es, die wertgenerierende positive Komplexität bewusst zu erhalten und zu steuern, sodass auch Kostensenkungen bei gleichzeitigem Erhalt des positiven Nutzens möglich sind.[47]

Nachdem die Basis in Bezug auf den Komplexitätsbegriff gelegt ist, gilt es in einem weiter vertiefenden Schritt die Arten der Komplexität zu unterscheiden, um damit Möglichkeiten hinsichtlich der Clusterung und Analyse zu identifizieren.

3.2 Arten von Komplexität heterogener Versicherungsbestände

In der Literatur existieren unzählige Beiträge, die sich mit Komplexität in Unternehmen als System und speziell mit der Komplexität von Produkten befassen. Da diese jedoch vornehmlich auf Industrieunternehmen als Produzent von Konsumgütern abzielen, fehlt es bislang weitestgehend an einer systematischen Definition, Einteilung und Bewertung für die Komplexität von Versicherungsbeständen. Aufbauend auf den Grundlagen des Komplexitätsbegriffs sowie den Charakteristika von Kompositversicherungsprodukten wird deshalb nachfolgend eine Einordnung der Komplexität in heterogenen Versicherungsbeständen vorgenommen.

---

[45] Weiterführend zu den Maßnahmen des Komplexitätsmanagements sei auf Schoeneberg, K. (2014, Komplexität), S. 19 ff. verwiesen.

[46] Vgl. Boysken, M.; Kotlik, L. (2013, Komplexitätscontrolling), S. 49 f.

[47] Beispielhaft kann eine Reduzierung der Prozesskomplexität bei gleichzeitigem Erhalt der Variantenvielfalt durch z. B. die Nutzung modularer Produkte angeführt werden. Vertiefend hierzu sei auf Kapitel vier verwiesen.

In der Industrie zählt insbesondere die Komplexitätsreduzierung im Leistungsprogramm eines Unternehmens zu den wichtigsten Ansatzpunkten des Komplexitätsmanagements in Unternehmen.[48] Im Bereich der Versicherung ist jedoch nicht – wie vorrangig im produzierenden Gewerbe – allein die Komplexität des aktuellen (verkaufsoffenen) Produktportfolios entscheidend, sondern zudem muss auch die Komplexität der Produkte alter, nicht mehr verkaufsoffener Generationen im Bestand beherrscht werden. Ähnlich wie bei Automobilherstellern werden in der Kompositversicherung immer nur Produkte der aktuellsten Generation zum Verkauf angeboten. Der Verkauf der alten Bedingungsgeneration wird mit Einführung der neuen eingestellt. Insbesondere in der Produkteinführungsphase kann es zwar auch zu Überschneidungen kommen, diese sind jedoch nur temporär und vorrangig nicht innerhalb eines Vertriebsweges zu finden. Die vornehmlichen Ursachen für diesen Unterschied liegen zum einen in der Langfristigkeit der Vertragsbeziehung. Zum anderen erfolgt bei Versicherern ein wesentlicher Teil der Leistungserbringung erst nach dem Absatz des Versicherungsproduktes. Hierzu zählen, neben der Antragsbearbeitung, bspw. die betriebliche Bearbeitung bei Änderungen, Schadenbearbeitung, Datenverwaltung und -controlling sowie nachträglichen Anpassungen der Verträge aufgrund gesetzlicher Änderungen o. ä.[49]

Die Komplexität entsteht aufgrund der Heterogenität als Folge der Nutzung der materiellen Produktgestaltungspolitik[50]. Die Produktgestaltung des Versicherungsgeschäfts erfolgt mittels Variation der Merkmale des Risiko-, Spar-/ Entspar- sowie Dienstleistungsgeschäfts. Das Risikogeschäft umfasst dabei

---

[48] Vgl. Gießmann, M. (2010, Komplexitätsmanagement), S. 38 f.

[49] Diese Aktivitäten sind über die gesamte Vertragsbeziehung zwischen Versicherungsnehmer und Versicherungsunternehmen durch den letztgenannten Vertragspartner zu erbringen und bedürfen zum Großteil tiefgehender Kenntnisse der Produkte.

[50] Die Produktgestaltung umfasst die materiellen sowie formellen Merkmale der Versicherungsprodukte. Weiterführend sei hier auf Farny, D. (2011, Versicherungsbetriebslehre), S. 408 f. verwiesen.

insbesondere die Gestaltung des Versicherungsschutzes hinsichtlich der Definition des Versicherungsfalls, des Schadens sowie der Versicherungsleistungen.[51] Im Zuge der materiellen Produktgestaltung erfolgen Produktmodifikationen[52] durch Produktneuentwicklungen und -fortentwicklungen mittels Variation oder Differenzierung. Die Ziele der Produktmodifikation sind vielseitig und zumeist durch externe Faktoren beeinflusst. Beispielhaft sind Produktanpassungen aufgrund von gesetzlichen Änderungen oder Kunden- und Vermittlerbedürfnissen zu nennen.[53]

Die aus der Produktgestaltungspolitik erwachsene Komplexität in den Versicherungsbeständen wird im Rahmen der vorliegenden Untersuchung in zwei Arten bzw. Dimensionen unterschieden:

1. Dimension: Komplexität aufgrund der Vielzahl und Vielfalt an **Produkt- bzw. Bedingungsgenerationen** im Bestand.[54]

2. Dimension: Komplexität aufgrund der Vielzahl und Vielfalt an **Produktvarianten** innerhalb einer **Bedingungsgeneration**

---

[51] Zu Möglichkeiten der Gestaltung des Risikogeschäfts sei weiterführend auf Farny, D. (2011, Versicherungsbetriebslehre), S. 396 ff. verwiesen.

[52] Produktmodifikationen können durch Produktdifferenzierung und –variation erfolgen. Produktveränderung umfasst die „Veränderung eines bestimmten Versicherungsprodukts durch Hinzufügung, Verringerung oder Variation von Elementen der versicherten Personen, versicherten Sachen oder Interessen, versicherten Gefahren und/ oder versicherten Schäden." Wagner, F. (Hrsg.) (2011, Versicherungslexikon), S. 492, 495 und 500.

[53] Vgl. Wagner, F. (Hrsg.) (2011, Versicherungslexikon), S. 495.

[54] Die Begriffe Produktgeneration und Bedingungsgeneration sowie Produktversion und Bedingungsversion werden im Rahmen dieser Arbeit synonym verwendet.

Am Beispiel der verbundenen Wohngebäudeversicherung sollen anhand der **Abbildung 1** die Dimensionen der Komplexität in heterogenen Versicherungsbeständen verdeutlicht werden.

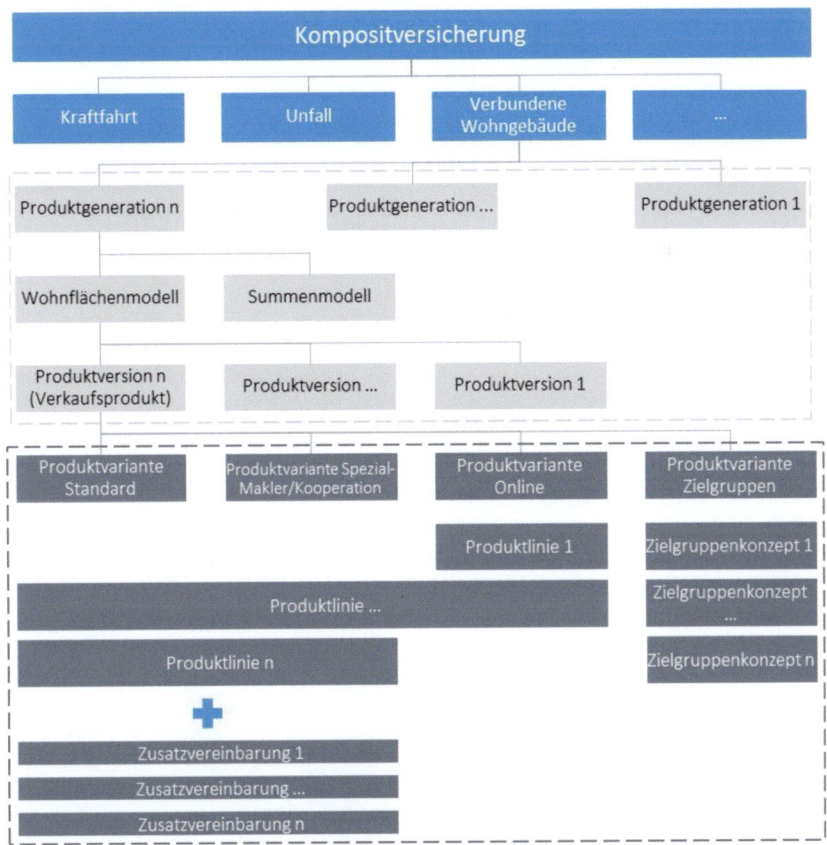

Abbildung 1: Dimensionen der Komplexität heterogener Versicherungsbestände am Beispiel der Verbundenen Wohngebäudeversicherung[55]

---

[55] Eigene Darstellung.

Die **1. Dimension** beschreibt dabei die Komplexität, die durch einzelne Produktmodifikationen im Zeitablauf entsteht. Wie oben dargestellt, werden die Versicherungsbedingungen durch Produktinnovation oder -variation[56] an die aktuellen Gegebenheiten im Verlauf angepasst. Die Modifikationen können u. a. Änderungen in den Versicherungssummen und Entschädigungsgrenzen, den Ein- bzw. Ausschluss versicherter Sachen oder Gefahren sowie die Einbindung von Produktinnovationen in die Allgemeinen Versicherungsbedingungen umfassen.[57] Zusätzlich zur Einführung neuer Produktgenerationen ist auch die Einführung einer neuen Bedingungsversion[58] für eine bereits bestehende Bedingungsgeneration möglich.[59] Zur Verdeutlichung der Komplexität ist in der nachfolgenden **Tabelle 1** für die Position „Bargeld" in der Verbundenen Hausratversicherung die Regelung für die verschiedenen Bedingungsgenerationen einer Produktvariante eines Versicherungsunternehmens dargestellt. Es zeigt sich, dass sich zwischen den Bedingungsgenerationen die Entschädigungsgrenzen stark ändern, um eine Anpassung an die aktuelle Wertentwicklung durch bspw. inflationsbedingte Preissteigerungen zu erreichen.

---

[56] Unter einer Produktinnovation wird ein Versicherungsprodukt verstanden, das bislang auf dem relevanten Markt noch nicht angeboten wird, also eine Marktneuheit darstellt. Eine Produktvariation ist die Veränderung eines bereits vorhandenen Produkts in Teilen seiner Eigenschaften. Mit Blick auf die Sortimentspolitik führen Produktinnovation und Produktvariation zu einer Sortimentsausweitung. Vgl. Olbrich, R. (2006, Marketing), S. 115, 119, 413.

[57] Die materielle Produktgestaltung des Versicherungsgeschäfts kann in den Parametern Risiko-, Spar-/Entspar- sowie Dienstleistungsgeschäft vorgenommen werden. Weiterführend sei hier auf Farny, D. (2011, Versicherungsbetriebslehre), S. 408 f. verwiesen.

[58] Eine Version bezeichnet eine „Ausführung, die in einigen Punkten vom ursprünglichen Typ, Modell o. Ä. abweicht". Duden (Hrsg.) (2010, Bedeutungswörterbuch), S. 1038. In der Praxis wird eine neue Bedingungsversion tlw. auch mit einem neuen Bedingungsstand gleichgesetzt, die Ausgestaltung erfolgt unternehmensindividuell.

[59] In Abhängigkeit vom Umfang der Änderungen in den Versicherungsbedingungen wird eine neue Produktversion oder -generation aufgelegt. Da die Verwendung der Begriffe unternehmensindividuell erfolgt wird im Zuge der Arbeit der Begriff der Produktgenerationen als Oberbegriff für Produktgenerationen und -versionen verwendet.

Komplexität Versicherungsbestände

Beding-ungswerk	VHB 1966	VHB 1974	VHB 1984	VHB 1992	VHB 1992 EUR	VHB 2006	VHB 2008	VHB 2011
Entschädigungs-grenze für Bargeld in €	255,65	511,29	766,94	2.000	1.500	1.000	1.000	3.000

Tabelle 1: Vergleich der Entschädigungsgrenzen für Bargeld in den Bedingungen der Verbundenen Hausratversicherung (VHB)[60]

Zusätzlich werden aber auch neue versicherte Gegenstände, wie z. B. „auf Geldkarten geladene Beträge", in neue Bedingungsgenerationen aufgenommen, um dem technischen und gesellschaftlichen Fortschritt zu entsprechen. Die Ursachen für die Einführung einer neuen Bedingungsgeneration können vielseitig sein. Beispielsweise kann dies aufgrund veränderter Kundenbedürfnisse oder rechtlicher Rahmenbedingungen erfolgen.[61]

Innerhalb einer Produktgeneration existieren verschiedene Produktvarianten, die dem Kunden zur Bedürfnisbefriedigung angeboten werden. Die Summe der Produktvarianten beschreibt die Tiefe des Produktsortiments einer Produktgeneration.[62] Die Modifikation des Versicherungsprodukts erfolgt dabei innerhalb einer Produktgeneration durch Produktdifferenzierung.[63] Die 2. **Dimension** der Komplexität entsteht dementsprechend durch das Angebot verschiedener Varianten von Versicherungsschutz und verbundener

---

[60] Eigene Darstellung in Anlehnung an die Versicherungsbedingungen für die verbundene Hausratversicherung (VHB) der HDI Versicherung AG zwischen 1966 und heute.

[61] Die detaillierte Betrachtung der Einflussfaktoren der Komplexität in heterogenen Versicherungsbeständen erfolgt in Kapitel 3.2.

[62] Siehe Olbrich, R. (2006, Marketing), S. 120 sowie Farny, D. (2011, Versicherungsbetriebslehre), S. 707.

[63] In der Literatur wird zudem auch die Produktmodifikation mittels Produktvariation als Mittel zur Gestaltung der Sortimentstiefe angeführt. Da die Grenzen zwischen diesen Verfahren unscharf sind und die Produktvariation ebenfalls als Verfahren zur Modifikation der Produktgenerationen verstanden wird, wird im Weiteren nur auf die Produktdifferenzierung im Kontext der 2. Dimension der Komplexität referenziert. Siehe zu den Verfahren auch Farny, D. (2011, Versicherungsbetriebslehre), S. 706 f.

Dienstleistungen für gleiche Risiken zur gleichen Zeit.[64] Ziel ist es, zur Steigerung des Absatzes im Wettbewerb die Produkte an die Kundenbedürfnisse besser anzupassen und in der Folge eine Marktsegmentierung zu erreichen.[65] Die konkrete Ausgestaltung wird mittels verschiedener Produktarchitekturen vorgenommen.[66]

Die Produktdifferenzierung zur Variation des Versicherungsschutzes in Qualität und Funktion erfolgt dabei über die Produktarchitektur. Als Grundformen lassen sich fixe und modulare (Bausteinkastenprinzip) Pakete unterscheiden. Am Markt vorherrschend sind fixe Pakete gemäß der „Gold-Silber-Bronze-Logik", die durch Zusatzbausteine individuell differenziert werden können.[67] In der Abbildung 1 sind die fixen Pakete als Produktlinien dargestellt. Ziel des Angebots mehrerer fixer Pakete ist die standardisierte Deckung des Versicherungsbedarfs verschiedener Versicherungsnehmer im Hinblick auf ihre Risikobedürfnisse. Zusätzlich zu den fixen Paketen werden häufig auch Zusatzpakete und Zielgruppenprodukte zur individuelleren Abdeckung der verschiedenen Risikosituationen der Kunden sowie weitere Produktvarianten zur Bedienung der unterschiedlichen Absatzkanäle konzipiert (vgl. Abbildung 1).[68] So wird im Direktvertrieb typischerweise ein standardisiertes, einfach verständliches Produkt mit geringer Prämie benötigt, für das keine Beratung notwendig ist. Im Gegensatz dazu wird für den Vertrieb über einen

---

[64] Siehe Farny, D. (2011, Versicherungsbetriebslehre), S. 706.

[65] Siehe Wagner, F. (Hrsg.) (2011, Versicherungslexikon), S. 492 sowie Hüttel, K. (2014, Marktsegmentierung), S. 13.

[66] Die Tiefe des Produktsortiments ist dabei stark vom gewählten Geschäftsmodell des Versicherers abhängig. Versicherer, mit einem Beratungsschwerpunkt besitzen i. d. R. ein tieferes Produktsortiment als bspw. Direktversicherer. Im Privatkundengeschäft wird aufgrund des Umsatz- und Kostenzielkonflikts eher ein flaches Sortiment bevorzugt, um die Beratungs- und Abwicklungsleistungen möglichst gering zu halten. Siehe Farny, D. (2011, Versicherungsbetriebslehre), S. 405 i. V. m. 707.

[67] Vgl. Wichert, B. (2012, Chancen und Risiken).

[68] Siehe auch Wagner, F. (Hrsg.) (2011, Versicherungslexikon), S. 495.

Vermittler eine höhere Differenzierungsmöglichkeit angestrebt, damit eine individuelle Beratung entsprechend der Kundenbedürfnisse erfolgen kann.[69] Zum besseren Verständnis der Gesamtzusammenhänge werden die Einflussfaktoren und die damit verbundenen Komplexitätstreiber der vorgestellten Dimensionen 1. und 2. Ordnung im folgenden Kapitel 3.3 näher untersucht.

3.3 Einflussfaktoren auf die Komplexität heterogener Versicherungsbestände

Um sich dem Problem der Komplexität in heterogenen Versicherungsbeständen weiter zu nähern, bietet es sich an, zunächst in einem ersten Schritt die Komplexitätstreiber zu identifizieren. Die Komplexität wird durch eine Vielzahl von endogenen und exogenen Faktoren determiniert. In der Literatur werden im Allgemeinen nur die Treiber für die Unternehmenskomplexität thematisiert, weshalb die Einflussfaktoren auf die Komplexität in den Versicherungsbeständen im Folgenden hergeleitet und als Hypothese formuliert werden.[70] Um die Relevanz der identifizierten Faktoren belegen zu können, werden die abgeleiteten Hypothesen im Rahmen der empirischen Untersuchung im folgenden Kapitel sechs falsifiziert bzw. verifiziert.

Ausgehend von den Erkenntnissen in den vorangegangenen Abschnitten lässt sich nachfolgend **Hypothese 1** formulieren:

---

[69] Siehe Farny, D. (2011, Versicherungsbetriebslehre), S. 405 i. V. m. 787 f.

[70] Eine detaillierte Übersicht zu den identifizierten Einflussfaktoren sowie ihrer Wirkung auf die Dimensionen kann der Tabelle 4 im Anhang entnommen werden.

H₁: *Die Komplexität heterogener Versicherungsbestände wird durch eine Vielzahl von Einflussfaktoren bestimmt. Die wesentlichen sind:*

- *rechtliche Rahmenbedingungen und Regularien,*
- *der Wettbewerb,*
- *der technische Fortschritt,*
- *die Vertriebsbedürfnisse,*
- *die Kundenbedürfnisse,*
- *die Anzahl der Versicherungszweige (Geschäftsmodell),*
- *die Art des Wachstums,*
- *der Produktinnovationszyklus,*
- *der Vertriebswegemix,*
- *die Produktarchitektur,*
- *die Konstanz der Produktstrategie.*

Wie bereits oben angemerkt unterscheidet man hinsichtlich der Einflussfaktoren auf die Komplexität in heterogenen Versicherungsbeständen zwischen exogenen und endogenen Faktoren.

3.3.1 Exogene Faktoren

Mit der Vollendung des Europäischen Binnenmarkts und der einhergehenden Deregulierung der nationalen Versicherungsmärkte durch die Aufhebung der präventiven Bedingungskontrolle und Genehmigungspflicht für Tarife und Allgemeine Versicherungsbedingungen in Deutschland im Jahr 1994 wurde den Versicherungsunternehmen mehr Raum zur Produktgestaltung gegeben.[71] In der Folge entstanden zahlreiche Produktvarianten, die eine zunehmende Komplexität der 2. Dimension bedingen. Beliebte Gestaltungsmittel sind die Differenzierung mittels Bündelung von Klauseln zu fixen Paketdeckungen, die

---

[71] Vgl. Wagner, F. (Hrsg.) (2011, Versicherungslexikon), S. 152 f. i. V. m. S. 497.

Veränderung von Entschädigungs- und Deckungsgrenzen sowie die Einführung von Selbstbehalten.[72] Neben dem gewonnenen Gestaltungsspielraum hat die Einführung neuer gesetzlicher Regularien wie Verbraucherschutzbestimmungen oder auch Solvabilitätsanforderungen (Solvency I und II) Einfluss auf die Produktgestaltung.[73] Diese rechtlichen Änderungen haben die Notwendigkeit zur Entwicklung neuer Bedingungen zur Folge, wodurch sich die Komplexität in der 1. Dimension erhöht.

Infolge der zunehmenden Gestaltungsfreiheit im Zuge der Deregulierung entstand im Hinblick auf die Bedingungen und Tarife ein verschärfter Wettbewerb. Um Marktanteile zu gewinnen und höhere Gewinnmargen zu realisieren, sollen durch die Einführung neuer Produkte Wettbewerbsvorteile generiert werden. Um eine Differenzierung vom Wettbewerb zu erzielen, wurde versucht, zum einen durch kürzere Produktinnovationszyklen echte Innovationen oder auch Produktvariationen zu entwickeln. Zum anderen sollen neue Produktvarianten, wie beispielsweise Zielgruppenkonzepte, entstehen.[74] Ersteres erhöht die 1. Dimension, letzteres die 2. Dimension der Komplexität. Der Wettbewerb kann somit als weiterer Einflussfaktor für die Komplexität heterogener Versicherungsbestände abgeleitet werden.

In Zeiten zunehmender Digitalisierung und technischer Innovationen verändern sich auch die Risiken der Versicherungsnehmer. Die Anbringung von Solarzellen auf das Eigenheim, die Nutzung von Smartphones oder auch die Durchführung von Onlinetransaktionen steigern den Bedarf an neuen

---

[72] Vgl. Dietz, H. (1999, Wohngebäudeversicherung), S. V. Echte Produktneuheiten, sprich Innovationen, sind eher selten im Versicherungsmarkt. So beliefen sich die Innovationsausgaben des Finanzdienstleistungssektors in 2012 auf nur ca. 0,5% des Umsatzes im Vergleich zu 7,6 % in den Technischen Dienstleistungen oder 9,3 % in der Automobilindustrie. Vgl. ZEW (2013, CIS).

[73] Beispielhaft kann hier die Änderung der Folgen bei Obliegenheitsverletzungen im Zuge der VVG-Neukodifikation, die u. a. mit dem Ziel der Stärkung des Verbraucherschutzes in der deutschen Versicherungswirtschaft in 2008 eingeführt wurde, genannt werden.

[74] Siehe Ackermann, W. (2004, Innovationen), S. 53.

Versicherungslösungen.[75] Die durch den technischen Fortschritt angestoßenen Innovationen führen aufgrund der Notwendigkeit neuer Produktgenerationen zu einer Erhöhung der Komplexität, speziell in der 1. Dimension. Einen weiteren Komplexitätstreiber stellen die Vertriebsbedürfnisse dar, da aus diesen eine Individualisierung der Produkte resultiert.[76] Beispielhaft kann dies anhand der Marktmacht großer Makler- und Kooperationsverbindungen[77] abgeleitet werden. Zur Differenzierung im Wettbewerb werden diesen – insbesondere von Unternehmen, die einen relativ hohen Anteil an Makler- und Kooperationsvertrieb aufweisen - oftmals spezielle Rahmenvereinbarungen (Sideletter) zugestanden.[78] Diese Vereinbarungen beinhalten i. d. R. spezielle Deckungen oder Ein- und Ausschlüsse, die für alle Kunden des jeweiligen Vertriebspartners gelten, unabhängig ob der Kunde diese individuell vereinbart hat.[79] Da diese Zusatzvereinbarungen oft individuell mit den Vertriebspartnern verhandelt werden, existieren in der Praxis eine Vielzahl solcher Kontrakte. Zur Umsetzung dieser besonderen Vereinbarungen sind zusätzlich zu den Standardprodukten einzelne Klauseln zu konstruieren, die diese Leistung abdecken. Im Hinblick auf die damit steigende Produktvielfalt kann vermutet werden, dass die Komplexität in den Versicherungsbeständen im Makler- und

---

[75] Siehe Farny, D. (2011, Versicherungsbetriebslehre), S. 365 und 773 f.

[76] Die Absatzorgane können grundlegend gemäß ihrem faktischen und rechtlichen Verhältnis zum Versicherer und Kunden in drei Kategorien unterteilt werden. Dies sind unternehmenseigene (bspw. angestellte Mitarbeiter im Vertrieb), unternehmensgebundene (wirtschaftlich Selbstständige, die aber vertraglich oder faktisch an ein Versicherer gebunden sind) sowie unternehmensfremde Absatzorgane (rechtlich und wirtschaftlich Selbstständige, die im Auftrag des Kunden handeln). Die unternehmensgebundenen Vermittler, die in der Praxis vor allem als Ausschließlichkeitsvertreter bezeichnet werden, stellen im Privatkundengeschäft auch heute noch das bedeutendste Absatzorgan dar. Unternehmensfremde Absatzorgane bezeichnen im Privatkundengeschäft vor allem die Versicherungsmakler.

[77] Unter Kooperationspartner wird im Folgenden der dezentrale Absatz über Unternehmen anderer Wirtschaftszweige (als unternehmensfremdes Absatzorgan) verstanden. Zum Absatz über Unternehmen anderer Wirtschaftszweige wird vertiefend auf Farny, D. (2011, Versicherungsbetriebslehre, S. 765 ff. verwiesen.

[78] Siehe Stancke, F. (2012, Maklerdeckungskonzepte), S. 1346.

[79] Als Beispiel kann die pauschale Erhöhung des Versicherungslimits bei Ableitungsrohren in der Verbundenen Wohngebäudeversicherung genannt werden.

Kooperationsvertrieb i. d. R. höher ist als im Direkt- und Ausschließlichkeitsvertrieb. Der Logik weiter folgend lässt sich damit die **Hypothese 2** ableiten:

H_2: Die Komplexität in den Versicherungsbeständen im Makler- und Kooperationsvertrieb ist höher als im Direkt- und Ausschließlichkeitsvertrieb.

Da sich die Kundenbedürfnisse immer stärker verändern, lässt sich davon ausgehen, dass dies direkte Auswirkungen auf die Komplexität des Versicherungsbestands hat. Da die Versicherung eine Dienstleistung bereitstellt, wirken sich die exogenen Einflussfaktoren in der Produktion von Versicherungsleistungen besonders aus. Auch im eher standardisierten Geschäft der privaten Kompositversicherung ist in der Regel ein Mindestmaß an Differenzierung der Produkte entsprechend der unterschiedlichen Marktsegmente und Käufergruppen notwendig,[80] dies treibt die Komplexität in der oben beschriebenen 2. Dimension.

Nachdem in einem ersten Schritt die exogenen Einflussfaktoren auf die Komplexität in Versicherungsbeständen analysiert und entsprechende Hypothesen logisch abgeleitet und formuliert werden konnten, gilt es nun dem beschriebenen Vorgehen weiter folgend, endogene Einflussfaktoren einer detaillierten wissenschaftlichen Prüfung zu unterziehen.

3.3.2 Endogene Faktoren

Die unterschiedlichen Versicherungszweige in der Versicherungswirtschaft weisen in sich selbst eine hohe Komplexität auf. Durch das Angebot mehrerer Versicherungszweige, d. h. die Ausdehnung des Produktsortiments, wird die Komplexität der 1. und 2. Dimension zusätzlich erhöht. Mit der strategischen

---

[80] Beispielhaft kann hierfür auch der Wunsch der Kunden nach Bündelung mehrerer Risiken angeführt werden. Siehe Farny, D. (2011, Versicherungsbetriebslehre), S. 403 ff. i. V. m. 704 f.

Entscheidung, ein oder mehrere Versicherungszweige am Markt anzubieten, wird damit die Komplexität stark beeinflusst. Das gewählte Geschäftsmodell hinsichtlich der zu betreibenden Versicherungszweige stellt folglich einen weiteren Einflussfaktor dar.[81]

Veränderte Wettbewerbsbedingungen als Folge der Deregulierung haben dazu geführt, dass Versicherungsunternehmen zunehmend unter Kostensenkungsdruck zur Sicherung ihrer Marktposition stehen.[82] Hinzu kommt das Problem des geringen (zum Teil negativen) Wachstums und daraus entstehenden Verdrängungswettbewerbs in der Kompositversicherung.[83] Viele Versicherungsunternehmen haben deshalb versucht, Wachstum durch Fusionen und Bestandsübernahmen zu erzielen. Zu den bekanntesten gehören Allianz, Generali, AXA, R+V, HDI, Zurich sowie W&W.[84] Aufgrund der Zusammenfassung zweier meistens vollständig unterschiedlicher Versicherungsbestände resultiert eine starke Erhöhung der Varietät sowie Heterogenität in der 1. und 2. Dimension.[85] Im Hinblick auf die Art des Wachstums lässt sich damit ableiten, dass die Komplexität des Versicherungsbestands in organisch entstandenen Kompositversicherungs-unternehmen (internes Wachstum) geringer ist als die Komplexität in Unternehmen, die durch Fusionen und Übernahmen (externes Wachstum) gewachsen sind. Damit lässt sich die nachfolgende **Hypothese 3** ableiten:

---

[81] Die Wahl des Geschäftsmodells ist hier gleichbedeutend mit der Grundsatzentscheidung über das Programm des Versicherungsunternehmens. Siehe vertiefend Farny, D. (2011, Versicherungsbetriebslehre), S. 359 ff.

[82] Vgl. Reich, M. (Hrsg.) (2014, Prozessmanagement), S. 24.

[83] Siehe Braun, D. (2012, Verdrängungswettbewerb).

[84] Siehe Wein, T. (2002, Deregulierung), S. 86 ff. sowie Farny, D. (2011, Versicherungskonzerne), S. 21. Die Anzahl der Kompositversicherungsunternehmen in Deutschland hat zwischen 1995 und 2012 um ca. 23 % (63 Unternehmen absolut) abgenommen. Siehe GDV (Hrsg.) (2014, Taschenbuch), Berlin, S. 56.

[85] Vgl. Esser, M.; Horst, J.; et al. (2014, Komplexität), S. 39.

H₃: Die Komplexität in organisch entstandenen Kompositversicherungsunternehmen ist geringer als in Unternehmen, die durch Fusionen und Übernahmen gewachsen sind.

In Abhängigkeit des unternehmenseigenen Produktinnovationszyklus werden neue Produkte und somit Produktgenerationen auf dem Markt eingeführt. Aufgrund der kontinuierlichen Marktveränderungen und der Wettbewerbsintensivierung kann generell eine Verkürzung der Produktentwicklungszyklen beobachtet werden.[86] Je kürzer der Zeitzyklus dabei ist, desto höher ist die Anzahl der Produktgenerationen und somit die Komplexität der 1. Dimension – sofern nicht parallel eine Eliminierung alter Produkte erfolgt.

Wie bei den exogenen Einflussfaktoren bereits thematisiert, werden Produkte auch angesichts der vertrieblichen Anforderungen weiter differenziert. Im Vertrieb von Versicherungen unterscheidet man unterschiedliche Vertriebskanäle, wie zum Beispiel die Ausschließlichkeitsorganisation und den Maklervertrieb. Erfolgt der Absatz eines Versicherungsunternehmens über mehrere Vertriebskanäle (Vertriebswegemix), so sind beispielsweise die direkt vertriebenen Produkte über das Internet o. ä. aufgrund der fehlenden Beratung und der hohen Preissensibilität der Kunden deutlich günstiger anzubieten als die vom Vermittler angebotenen Produkte.[87] Um jedoch eine vorherige Beratung beim Vermittler und den anschließenden Onlineabschluss zur günstigeren Prämie zu verhindern, ist eine Produktdifferenzierung in Abhängigkeit der Vertriebskanäle notwendig.[88] Es lässt sich im Allgemeinen feststellen, dass je mehr Vertriebswege bedient werden und je weniger eine Fokussierung auf einen Vertriebsweg erfolgt, die Komplexität in der

---

[86] Vgl. Reich, M.; Blodau, T. (2010, Frühwarnsysteme), S. 460 sowie av-news GmbH (2007, Systematisierung).
[87] Vgl. Farny, D. (2011, Versicherungsbetriebslehre), S. 772 und 792 f.
[88] Siehe Farny, D. (2011, Versicherungsbetriebslehre), S. 786 ff.

2. Dimension durch die verschiedenen Anforderungen der einzelnen Vertriebswege zunimmt.

Die Produktarchitektur legt fest, wie die von den Kunden gewünschten Eigenschaften und Funktionen durch die Komponenten des Produkts realisiert werden. Unabhängig von der Wahl der Architektur – modulare oder fixe Pakete – und der Sortimentstiefe ist es im privaten Kompositversicherungsgeschäft von erheblicher Bedeutung, dass die Produkte möglichst komplexitätsadäquat (mit einem hohen Grad an Flexibilität und Standardisierung) konstruiert werden.[89] Eine vielschichtige Produktarchitektur bedingt hingegen zusätzliche Produktvarianten. Negativ können sich dabei unter anderem zeitgleiche Angebote von fixen Produkten, Zusatzbausteinen sowie Zielgruppenprodukten und Ausschnittsversicherungen[90] zur Deckung eines Risikos auswirken.

Die Produktstrategie kann als Bestandteil der Programmgestaltung aufgefasst werden und umfasst im Hinblick auf die Bestandskomplexität unter anderem die Wahl des zu bearbeitenden Absatzmarkts sowie deren einzusetzende Mittel in der Marktbearbeitung. Ein Wechsel der Strategie im Zuge einer Diversifikation hat zur Folge, dass (innerhalb einer Generation) neue, parallele Produkte im Bestand vorhanden sind, die die Sortimentstiefe zusätzlich erhöhen.[91] Es lässt sich damit feststellen, dass Versicherungsunternehmen, die eine langfristige, konstante Produktstrategie verfolgen, eine geringere Komplexität in der 2. Dimension aufweisen.

---

[89] Siehe Schuh, G.; Lenders, M. (2012, Produktarchitekturgestaltung), S. 115 ff. i. V. m. Farny, D. (2011, Versicherungsbetriebslehre), S. 404 ff.

[90] Die Ausschnittsversicherung beschreibt eine „Versicherung, die nur einen Teil des in der entsprechenden Vertragsform üblichen Risikos (Ausschnitt) deckt." Wagner, F. (Hrsg.) (2011, Versicherungslexikon), S. 64.

[91] Siehe zur Diversifikation Farny, D. (2011, Versicherungsbetriebslehre), S. 363 f.

Neben der Beschreibung von Ursachen der Komplexität, die sowohl auf endogene als auch auf exogene Einflussfaktoren zurückzuführen sind, gilt es in einem nächsten Schritt die Auswirkungen der Komplexität in heterogenen Versicherungsbeständen transparent zu machen. Entsprechend dem methodischen Vorgehen weiter folgend werden im nächsten Abschnitt theoriegeleitet weitere Hypothesen gefolgert.

3.4 Auswirkungen der Komplexität heterogener Versicherungsbestände

Die Auswirkungen der Komplexität auf die Versicherungsbestände erweisen sich als ebenso vielfältig wie deren Ursachen. Grundlegend wirkt sich die erhöhte Komplexität in den Kostenstrukturen der Versicherer aus, d. h., durch die erhöhten Aufwände in den Prozessen steigen die Prozesskosten. Eine direkte Ursache-Wirkungs-Beziehung zwischen Komplexität und Kosten ist in der Praxis nur schwer nachweisbar, da diese in der Regel zeitverzögert, funktionsübergreifend und asymmetrisch auftritt.[92] Der negative Einfluss von Komplexität ist in der Literatur trotz seiner fehlenden direkten Nachweisbarkeit aber unumstritten.[93] Wie in Abschnitt 3.2 festgestellt wurde, kann sich Komplexität aber nicht nur negativ, sondern auch positiv auswirken. Positive Nutzeneffekte können insbesondere der Komplexität des Leistungsprogramms und somit der 2. Komplexitätsdimension zugesprochen werden, weil diese – bei optimaler Ausgestaltung[94]– zu einer gesteigerten Kunden- sowie Vermittlerzufriedenheit und damit zu Umsatzsicherung führt.[95] Da aber die vorliegende Arbeit vor allem die Erfolgspotenziale einer Reduzierung von

---

[92] Vgl. Blockus, M. (2010, Komplexitätsmanagement), S. 25.
[93] Vgl. Gießmann, M. (2010, Komplexitätsmanagement), S. 39.
[94] Die Möglichkeiten zur komplexitätsreduzierenden Gestaltung der Sortimentstiefe werden in Kapitel 4.3 näher betrachtet.
[95] Siehe Blockus, M. (2010, Komplexitätsmanagement), S. 144.

Komplexität untersucht, werden im Folgenden die negativen Effekte der Komplexität von heterogenen Versicherungsbeständen fokussiert.

Methodische Ansätze zur kostenrechnerischen Bewertung oder empirische Erkenntnisse zur Bedeutung der Auswirkungen von Komplexität sind in der Literatur in nur geringem Maße vorhanden.[96] Grundlage für eine Bewertung muss in einem ersten Schritt die Identifikation der relevanten Prozesse und Strukturen sein. Eine hohe negative Komplexität wirkt sich funktionsübergreifend auf das gesamte Unternehmen aus.[97] Die Auswirkungen werden deshalb nachfolgend primär entlang ausgewählter Wertschöpfungsaktivitäten untersucht.[98]

In einer Studie von Crossconsulting aus dem Jahr 2013 wurde die Komplexität aufgrund der zunehmenden Heterogenität der Versicherungsbestände als eine der wesentlichsten Ursachen für die Komplexitätskosten im Kundenservice genannt.[99] Insbesondere entstehen zusätzliche Kosten in der Schaden- sowie der Vertragsbearbeitung im Schadenmanagement bzw. Betrieb.[100] Ursache hierfür sind die Bindung von Mitarbeiterkapazitäten, durch unter anderem eine geringere Bearbeitungsgeschwindigkeit, einen höheren Schulungsaufwand bzw. längere Einarbeitungszeiten der Mitarbeiter sowie die Erhöhung der Fehlerhäufigkeit bei der Prüfung von Schadenfällen oder

---

[96] Vgl. Blockus, M. (2010, Komplexitätsmanagement), S. 33 f.

[97] Siehe Gießmann, M. (2010, Komplexitätsmanagement), S. 39.

[98] Um die Ausführungen empirisch zu stützen, wurden im Rahmen der Interviews die Auswirkungen der Komplexität auf die Wertschöpfungsaktivitäten durch Experten bewertet. Die Ergebnisse können dem Kapitel sechs entnommen werden.

[99] Vgl. Esser, M.; Horst, J.; et al. (2014, Komplexität), S. 38.

[100] Vertiefend zu den Prozessen der Schaden- und Vertragsbearbeitung sei auf Farny, D. (2010, Versicherungsbetriebslehre), S. 673 ff. verwiesen.

Änderungsanträgen.[101] Dies kann gleichzeitig auch zu einer Reduzierung der Kundenzufriedenheit und damit verbunden zu einer Erhöhung der Beschwerden führen.[102] Des Weiteren zeigen sich die Auswirkungen auch im Bereich des Produktmanagements bei der Verwaltung und Pflege der Produkte, für die mit zunehmender Bestandskomplexität das Vorhalten von Expertenwissen notwendig ist. In diesem Zusammenhang erhöht sich zum Beispiel durch eine Vielzahl von Bedingungsgenerationen und -versionen der Aufwand bei der Umsetzung von Veränderungen wie rechtlicher Rahmenbedingungen.[103] Außerdem erwächst auch für die aktuarielle Kalkulation der Risiken, wie bei der Tarifneu- und Tarifnachkalkulation ein erhöhter Aufwand.[104] Die Komplexität der Produkte hat zudem Einfluss auf den Versicherungsvertrieb. Aus der zunehmenden Erweiterung der Produktpalette durch Modifikationen resultiert ein erhöhter Aufwand in der Beratung und Bearbeitung, da die Vermittler immer mehr Produktvarianten kennen und

---

[101] Siehe Esser, M.; Horst, J.; et al. (2014, Komplexität), S. 39. Die These, wird zudem durch eine veröffentliche Analyse der Kostenquoten der deutschen Sachversicherer mit verdienten Bruttoprämien von über 50 Mio. Euro gestützt. Es zeigt sich, dass die mit der Produktpalette verbundene Komplexität wesentliche Kostentreiber in der Vertragsverwaltung und Schadenregulierung darstellen. Vgl. Meyer, R.; Horster, T.; et al. (2014, Betriebskosten), S. 58.

[102] Vertiefend zu den Folgen von Fehlerkosten sei auf die Ausführungen von Töpfer, A. (2007, Six Sigma), S. 446 f. verwiesen.

[103] Als konkretes Beispiel kann die mit der VVG-Reform 2008 einhergegangene Pflicht zur Information über die Änderungen, damit diese Vertragsbestandteile werden, genannt werden. Die Änderungen müssen nicht nur mitgeteilt sondern es müssen die Unterschiede gegenüber den alten Bedingungen kenntlich werden. Aufgrund dieser Komplexität haben viele Versicherer nicht über die Änderungen informiert, sodass die neuen Bestimmungen nicht Vertragsbestandteil, aber die alten Bestimmungen gleichzeitig unwirksam geworden sind. Vgl. Stockmeier, H. (2011, Risiken), S. 312 ff.

[104] Als Beispiel kann die notwendige Kalkulation aufgrund der vereinbarten Beitragsanpassungsklausel (nicht Treuhänderklausel) genannt werden. Bei dieser sollte für eine rechtssichere Verwendung die Kalkulation möglichst wie auch bei der Tarifkalkulation separat für gleichartige Risiken (gemäß dem Äquivalenzprinzip) vorgenommen werden. Da die Verträge vorrangig durch die Bedingungen ausgestaltet werden, erwächst mit einer höheren Heterogenität des Bestands auch eine höhere Anzahl an Risikogruppen. Siehe zur Kalkulation Brachmann, H.; Voss, K. (2006, Prämiengestaltung), S. 50 ff sowie Radtke, M. (2008, Kalkulation), S. 29 f.

verwalten müssen.[105] Darüber hinaus müssen die neuen Produkte eingeführt werden, sodass bei wachsender Produktvielfalt zusätzliche Marketingaufwände für das Rollout sowie die Pflege und Erstellung der produktbezogenen Dokumente notwendig werden.[106] Die negativen Folgen der Komplexität zeigen sich besonders ausgeprägt im Bereich der Informationstechnologie (IT), da die Komplexität auch technisch in den Bestandsführungs- und Schadensystemen abgebildet werden muss. Damit lässt sich dem Vorgehen folgend die nachfolgende **Hypothese 4** ableiten:

H_4: Mit zunehmender Komplexität des Versicherungsbestands geht ein starker Anstieg der IT-Kosten einher. [107]

Des Weiteren können aufgrund einer zu hohen Komplexität des Versicherungsbestands erhöhte Aufwände bei der Einführung neuer IT-Systeme resultieren. Gerade im Zuge der Industrialisierungsansätze in der Versicherungswirtschaft wird versucht, weitere Prozessoptimierungen durch die Implementierung neuer IT-Lösungen herzustellen.[108] Mit der Einführung eines neuen Bestandsführungssystems beispielsweise sollen die Bearbeitungs- und Verwaltungsprozesse effizienter gestaltet werden. Hierzu ist eine vollständige Integration des neuen und Ablösung des alten Systems notwendig, die in der Praxis häufig durch eine technische Migration des Bestands auf das neue Bestandsführungssystem vorgenommen wird.[109] Dabei sind die Altprodukte in der Regel im neuen System abzubilden. Bei einer Migration muss sichergestellt werden, dass der Besitzstand des Kunden

---

[105] Dies ist insbesondere für Makler relevant, da diese im Auftrag des Versicherers bestimmte Verwaltungsaufgaben, wie die Abwicklung und Schadenregulierung, übernehmen. Im Zuge dessen besteht eine erhöhte Notwendigkeit der Kenntnis der Altprodukte. Vgl. Farny, D. (2011, Versicherungsbetriebslehre), S. 750.

[106] Vgl. Köhne, T. (2008, Produktinnovationen), S. 37.

[107] Vgl. o. V. (2004, Branchenreport 2004), S. 488.

[108] Siehe Meyer, R.; Horster, T.: et al. (2014, Einsparpotential), S. 59.

[109] Vgl. Walddörfer, M.; Löw-Friedle, A. (2002, Bestandsmigration), S. 116.

Komplexität Versicherungsbestände

gewahrt bleibt. Zwar dürfen keine Verschlechterungen des Versicherungsschutzes mit der Migration einhergehen, aber sofern die Migrationsprodukte den gleichen oder besseren Versicherungsschutz (mind. 1-zu-1 Migration) sicherstellen, kann eine Reduzierung der Bestandskomplexität erreicht werden.[110] Bei einer hohen Anzahl von Produktgenerationen und -varianten ist dieses Vorgehen mit sehr hohem Aufwand und entsprechenden Kosten verbunden, die den Amortisationszeitpunkt der Investition in die Zukunft verschieben können. Hieraus lässt sich ableiten, dass durch eine Verringerung der Komplexität des Versicherungsbestands eine kosteneffiziente Konsolidierung und Modernisierung der Systemlandschaft ermöglicht werden kann, da durch die Vertragsharmonisierung deutlich weniger Produktvarianten für das Zielsystem konzipiert und getestet werden müssen. Damit lässt sich die nachfolgende **Hypothese 5** ableiten:

H₅: Die Verringerung der Komplexität des Versicherungsbestands wirkt sich positiv auf eine kosteneffiziente Konsolidierung und Modernisierung der Systemlandschaft aus.

Da die Vertragsbearbeitung und -verwaltung insbesondere in den Kernbereichen Schaden, Betrieb, Vertrieb und Produktmanagement sowie der IT erfolgen, kann den bisherigen Ausführungen folgend abgeleitet werden, dass sich in diesen auch vorrangig die Auswirkungen der Komplexität heterogener Versicherungsbestände zeigen. Damit ergibt sich **Hypothese 6**:

H₆: Die Auswirkungen der Komplexität heterogener Versicherungsbestände zeigt sich insbesondere in den Kernbereichen Schaden, Betrieb, Vertrieb, Produktmanagement sowie der IT.

---

[110] Siehe Consulo (Hrsg.) (o. J., Bestandsmigration).

In Folge der Komplexität werden in den aufgeführten Bereichen Sachbearbeitungs- und Managementkapazitäten gebunden sowie Prozesse und Entscheidungen verlangsamt.[111] Es zeigt sich, dass eine erhöhte negative Komplexität im Versicherungsbestand aufgrund des erhöhten Aufwands in den Geschäftsprozessen zu einer Erhöhung der Verwaltungskosten führt. Dies wirkt sich insbesondere dann besonders stark aus, je weniger automatisiert die Prozesse sind und je höher der manuelle Aufwand in der Sachbearbeitung ist. Das bedeutet naturgegebenermaßen, dass eine Senkung der Komplexität auch zu einer signifikanten Reduzierung der Verwaltungskosten führt. Es lässt sich folgende **Hypothese 7** bilden:

H_7: Die Senkung der Komplexität heterogener Versicherungsbestände wirkt sich in einer Reduzierung der Verwaltungskosten aus.

Wie weiter oben angeklungen, sind eine Vielzahl von Bereichen und Funktionen im Versicherungsunternehmen von der Komplexität betroffen, d. h., die Auswirkung der Komplexität ist funktionsübergreifend und erstreckt sich auf eine Vielzahl von Wertschöpfungsaktivitäten. Reduziert man Komplexität, so müssen sich die Effekte einer Komplexitätsreduzierung der heterogenen Versicherungsbestände insgesamt positiv auf die Wertschöpfung im Unternehmen auswirken. Im Ergebnis kann **Hypothese 8** abgeleitet werden:

H_8: Die Effekte einer Komplexitätsreduzierung von heterogenen Versicherungsbeständen wirken sich positiv auf die Wertschöpfung im Unternehmen aus.

Zur Verdeutlichung der Relevanz der Komplexitätsauswirkungen wird in der Studie von Crossconsulting angeführt, dass über zwei Drittel der Teilnehmer davon ausgehen, dass mind. 20% des Aufwands im Kundenservice allein auf

---

[111] Siehe Esser, M.; Horst, J.; et al. (2014, Komplexität), S. 39.

die Komplexitätsbeherrschung entfallen.[112] Dem Vorgehen folgend lässt sich **Hypothese 9** formulieren:

H9: Die Reduzierung der Komplexität von heterogenen Versicherungsbeständen hat kurz- bis mittelfristig einen positiven Effekt auf die Wertschöpfung im Unternehmen.

3.5 Zusammenfassung

Ausgehend von der Begriffsbestimmung „Komplexität" wurden im Kapitel drei die unterschiedlichen Einflussfaktoren auf die Komplexität näher untersucht.

Wie bereits weiter oben angeklungen, unterscheidet man hinsichtlich der Einflussfaktoren auf die Komplexität in heterogenen Versicherungsbeständen zwischen exogenen und endogenen Faktoren. Insbesondere bei den exogenen Einflussfaktoren konnte gezeigt werden, wie sich in Folge der Deregulierung eine zunehmende Komplexität aufgrund der Produktvariationen entwickelte. Neben den exogenen Einflussfaktoren wurde das Augenmerk auf die endogenen Einflussfaktoren gelenkt. Hier wurde insbesondere in der Analyse festgestellt, dass sich in der Versicherungswirtschaft das Geschäftsmodell und die damit verbundene Produktarchitektur stark auf die Komplexität in den Versicherungsbeständen auswirken.

Nachdem die Einflussfaktoren detailliert abgeleitet und beschrieben wurden, konnten dem wissenschaftlichen Vorgehen folgend, deren Auswirkungen festgestellt und im Rahmen von Hypothesen überprüfbar gemacht werden.

---

[112] Vgl. Esser, M.; Horst, J.; et al. (2014, Komplexität), S. 39.

4 Möglichkeiten zur Komplexitätsreduktion heterogener Versicherungsbestände

4.1 Vorüberlegungen

Die Produktkomplexität wird sowohl in der Fachliteratur als auch in der Praxis als eines der wesentlichen Handlungsfelder zur Komplexitätsreduzierung im Unternehmen hervorgehoben. Wie in Kapitel zwei ausgeführt wurde, sind Versicherungen jedoch durch sehr spezielle Charakteristika gekennzeichnet, die eine genauere Betrachtung der Rahmenbedingungen bei der Identifikation geeigneter Maßnahmen zur Komplexitätsreduzierung heterogener Versicherungsbestände notwendig machen. Aus dieser Betrachtung lassen sich Ansätze zur kurz- und langfristigen Komplexitätsreduzierung ableiten. Die Reduzierung der Komplexität durch die Steuerung der in Kapitel 3.3 vorgestellten endogenen Einflussfaktoren stellt dabei eine erste Möglichkeit dar. Beispielhaft kann die Fokussierung auf einen Vertriebsweg und nur wenige Versicherungszweige sowie die Begrenzung der Produktindividualisierung aufgrund der Kunden- und Vertriebsbedürfnisse angeführt werden. Eine derartige Strategie kann aber durchaus im Zielkonflikt mit den festgelegten Unternehmenszielen stehen und würde neben der negativen auch die positive Komplexität reduzieren.[113] Abgeleitet von den Dimensionen der Komplexität werden im Rahmen der vorliegenden Untersuchung grundlegend zwei Ansatzpunkte zur Komplexitätsreduktion identifiziert, die keinen direkten Einfluss auf das Geschäftsmodell sowie die positive Komplexität nehmen.

---

[113] Beispielhaft sei insbesondere die Wahl der betriebenen Versicherungszweige und Absatzkanäle genannt. Die vorrangige Strategie im Umgang mit Komplexität sollte die Beherrschung dieser sein. Zudem handelt es sich bei vielen dieser Maßnahmen, wie z. B. der Fokussierung auf wenige Versicherungszweige oder einen Vertriebsweg, um strategische Programmentscheidungen und somit nur langfristig umsetzbare Maßnahmen. Siehe Farny, D. (2011, Versicherungsbetriebslehre), S. 359 ff.

Dabei kann ein Stellhebel zur Reduzierung der Komplexität heterogener Versicherungsbestände die Reduzierung der 1. Komplexitätsdimension – die Heterogenität der Produktgenerationen und deren -varianten – sein. Eine Homogenisierung kann in der Theorie grundlegend durch die Aktualisierung der alten Produktgenerationen auf die neueste Produktgeneration erfolgen, d. h. auf das Verkaufsprodukt oder ein speziell dafür entwickeltes Zielprodukt. Dabei muss eine Aktualisierung aller im betroffenen Versicherungsbestand existierenden Verträge erfolgen. Die Umsetzung derartiger Vertragsharmonisierungen steht jedoch bei einem Großteil der Versicherer am Anfang.[114] Eine Herausforderung stellt hierbei die Langfristigkeit der Vertragsbeziehungen dar. Um die Komplexität in den Bestandsgenerationen eines Versicherers zu reduzieren, ist eine Einstellung der Produktion der Ersatzteile für Altprodukte wie bspw. in der Automobilindustrie nicht möglich. Laufende Vertragsbeziehungen können nicht ohne Zustimmung des Versicherungsnehmers auf ein neues Produkt umgestellt werden, da jede Änderung der Versicherungsbedingungen im beidseitigen Einverständnis erfolgen muss.[115] Mögliche Varianten zur Umsetzung einer solchen Vertragsharmonisierung der Bestandsgenerationen werden nachfolgend erörtert.

Eine weitere Möglichkeit zur Reduzierung der Komplexität betrifft die 2. Dimension – die Vielfalt und Verschiedenartigkeit der Produktvarianten innerhalb einer Produktgeneration – und ist im Gegensatz zur Reduzierung der Produktgenerationen vorrangig auf die Komplexitätsreduzierung in den aktuell verkaufsoffenen und zukünftigen Produkten ausgelegt. Die Reduzierung dieser ist eine wichtige Voraussetzung, um perspektivisch eine nachhaltige Komplexitätsreduktion und -beherrschung zu erzielen.

---

[114] Gemäß der Studie von Crossconsulting sind bei nur 10 % der Teilnehmer Maßnahmen zur Reduzierung der Produktgenerationen durchgeführt und abgeschlossen wurden. Vgl. Esser, M.; Horst, J.; et al. (2014, Komplexität), S. 39.

[115] Vgl. Pohl, D. (2004, Vertragsänderung).

4.2 Möglichkeiten zur Harmonisierung von Bestandsgenerationen

Da eine einseitige Änderung des Versicherungsvertrags, wie schon angeklungen, generell nicht möglich ist, muss der Versicherer die Zustimmung des Kunden zur Vertragsänderung erhalten.[116] Eine für das Versicherungsunternehmen rechtlich zulässige Variante ist dabei der Versand einer Änderungskündigung an die Kunden durch das Versicherungsunternehmen. Dabei wird der aktuelle Vertrag durch das Versicherungsunternehmen zum Vertragsablauf gekündigt und ein Neuangebot auf Grundlage des bisherigen Versicherungsschutzes, jedoch zu den neuen Bedingungen, unterbreitet. Auf der einen Seite ist hierdurch eine vergleichsweise schnelle und vollständige Reduzierung des Altbestands möglich, da alle Altverträge zum Ablauf gekündigt und nur Neuverträge auf Grundlage neuer Bedingungen geschlossen werden.[117] Wie in der jüngsten Vergangenheit in der Verbundenen Wohngebäudeversicherung zu beobachten war, stellt dies aber eine ausgesprochen drastische Maßnahme dar, die zu einem nachhaltigen Vertrauensverlust beim Kunden und Vermittler und somit zu einem negativen Imageeffekt führen kann.[118] Bei Anwendung dieses Vorgehens kann demnach auch von einer relativ hohen Stornoquote ausgegangen werden. Ursache hierfür kann bspw. sein, dass der Versicherungsnehmer die Begründung der Kündigung nicht nachvollziehen kann und dies als Anlass nimmt, sich am Markt um neuen Versicherungsschutz

---

[116] Vgl. Pohl, D. (2004, Vertragsänderung).

[117] Der Abbau der alten Bestandsgenerationen kann innerhalb eines Zeitraums von ca. einem Jahr fast vollständig erzielt werden, da die Umstellung insbesondere den Altbestand betrifft, sodass i. d. R. keine mehrjährigen Vertragslaufzeiten mehr bestehen. In der Praxis herrschen Vertragslaufzeiten von einem, drei und auch fünf Jahren vor, wobei der Versicherungsnehmer auch bei längerer Vertragslaufzeit bereits im dritten Jahr das Recht hat den Vertrag zu kündigen. Siehe § 11 Ziff. 1 und 4 VVG. Sofern eine aktive Verlängerung durch bspw. den Vertrieb erfolgt, sollte im Hinblick auf die Reduzierung der Bestandsgenerationen auch immer eine Aktualisierung auf das aktuelle Verkaufsprodukt erfolgen.

[118] Vgl. Lier, M. (o. J., Altkunden).

Möglichkeiten zur Komplexitätsreduktion

zu bemühen. Da in der Regel das Neuangebot eine höhere Prämie beinhaltet, kann dies zu einer nachhaltigen Verärgerung des Kunden führen, welche in der Konsequenz in einer Stornierung des Versicherungsvertrages mündet.

Ein weiterer Ansatz zur Durchführung einer Bestandsumstellung ist der Einsatz der Absatzorgane (z. B. Vertrieb), um eine mit dem Kunden einvernehmliche Vertragsumstellung auf das aktuelle Verkaufsprodukt zu vereinbaren. Beispielsweise kann dies durch Vermittler erfolgen, die die Bestandskunden persönlich kontaktieren und für die erfolgreiche Vertragsumstellung Incentives[119] erhalten. Grundsätzlich stellt die vertrieblich initiierte Vertragsharmonisierung aufgrund des persönlichen Kundenkontakts ein vergleichsweises „sanftes" Vorgehen dar, das diese eine höhere Akzeptanz als eine Änderungskündigung sowohl beim Kunden als auch beim Vertrieb erwarten lässt. Trotz der Umsetzung durch die Vermittler kann der Bereich Produktmanagement des Versicherers direkten Einfluss nehmen, indem zum Beispiel Umstellungsangebote direkt oder eine spezielle Software zur Unterstützung zur Verfügung gestellt werden können. Ein wichtiges Gestaltungsmerkmal ist die Höhe der Incentivierung für den Vertrieb. Diese sollte angemessen hoch gewählt werden, um einerseits einen Anreiz im Vertrieb zu schaffen und andererseits aber die positiven Effekte der Komplexitätsreduzierung nicht über zu kompensieren.

Im Hinblick auf die Kosten der Incentivierung kann alternativ zu den Vermittlern die betriebliche oder vertriebliche Telefonie eingesetzt werden. Dabei wird dem Kunden die Umstellung auf die aktuelle Produktgeneration telefonisch offeriert.

---

[119] Incentives bezeichnen zusätzliche monetäre und nicht-monetäre Anreize zur Absatzförderung. Da der Versicherungsnehmer in diesem Fall bereits Kunde ist und der Vermittler für die Verträge Provision erhält, fehlt verbreitet der Anreiz zur Durchführung einer Vertragsumstellung seitens des Vermittlers. Andere Einsatzbeispiele sind Wettbewerbe zur Sanierung defizitärer Bestände oder die Akquise bestimmter Kundengruppen. Siehe Farny, D. (2010), Versicherungsbetriebslehre), S. 739 sowie 781.

Anstelle der Kosten für die Incentivierung können in der Telefonie jedoch weitere Kosten für die zu beschäftigenden Telefonisten entstehen. Weitere Nachteile – unabhängig vom gewählten Kommunikationsmedium – bestehen neben den Kosten zum einen darin, dass eine vollständige Umstellung der Altverträge voraussichtlich nicht erzielt werden kann und zum anderen in der tendenziell längeren Umsetzungsdauer, da ein persönlicher bzw. telefonischer Kundenkontakt notwendig ist. Problematisch dabei ist, dass selbst wenn nur noch wenige Altverträge in den Bedingungsgenerationen vorhanden sind, das volle Potenzial einer Komplexitätsreduzierung nicht genutzt werden kann, da beispielsweise die Wartung und Pflege der Altprodukte in den IT-Systemen weiterhin erfolgen muss.[120] Damit lässt sich folgerichtig die **Hypothese 10** ableiten:

H10: Die Umstellung der Altverträge führt in Abhängigkeit vom Kommunikationsmedium zu hohen Kosten und ein vollständiger Abbau alter Bestandsgenerationen kann in letzter Konsequenz nur durch Ablaufkündigungen erreicht werden.

Grundlage einer effektiven Komplexitätsreduzierung heterogener Versicherungsbestände stellen zunächst Maßnahmen zur Reduzierung der historisch gewachsenen Bedingungsgenerationen dar. Dabei sind weder der Ansatz einer Änderungskündigung noch eine vertriebliche bzw. telefonische Vertragsumstellung – in ihrer reinen Ausprägung – aufgrund der genannten Nachteile und in Abhängigkeit der unternehmensindividuellen Gegebenheiten bedingungslos zielführend. Ziel sollte es deshalb sein, durch einen kombinierten Einsatz verschiedener Ansätze individuelle Maßnahmen zur Komplexitätsreduzierung zu generieren. Zur Unterstützung der

---

[120] Dies ist vergleichbar mit der Einführung eines neuen Bestandsführungssystems, durch das eine Optimierung der Prozesse erzielt werden soll. Auch hier kann nur durch die vollständige Migration der Altverträge in das neue System der volle Nutzen ausgeschöpft werden. Siehe Walddörfer, M.; Löw-Friedle, M. (2002, Bestandsmigration), S. 116.

Möglichkeiten zur Komplexitätsreduktion

Komplexitätsreduzierung von Bestandsgenerationen sind zusätzliche Maßnahmen zur Sicherstellung einer nachhaltigen Aktualisierung des Bestands vorteilhaft. Beispielsweise durch das Einbringen einer Produktupgrade-Klausel[121] im Neugeschäft kann eine automatische Anpassung auf die neuesten Bedingungen bei Vertragsschluss vereinbart werden, ohne dass eine nochmalige Zustimmung des Versicherungsnehmers bei Durchführung der Aktualisierung notwendig ist. Diese garantiert i. d. R., dass der bestehende Versicherungsvertrag ohne Erhöhung des Beitrages angepasst wird, wenn sich die Bedingungen zugunsten des Kunden ändern.[122] Des Weiteren besteht die Möglichkeit einer Sperrung der Bearbeitung bestimmter Geschäftsvorfälle in den Altprodukten, sodass Änderungen am Vertrag automatisch zu einer Umstellung auf das aktuelle Verkaufsprodukt führen.[123]

Vor dem Hintergrund eines möglichst ganzheitlichen Ansatzes zur Reduzierung der Komplexität heterogener Versicherungsbestände kommt im Weiteren den nachfolgenden Ansätzen zur Beherrschung der Komplexität im Neugeschäft eine besondere Bedeutung zu.

4.3 Möglichkeiten der Reduktion der Produktvarianten

Wie in 4.2 angeführt, wird mit der Reduzierung der Bestandsgenerationen gleichzeitig auch eine Reduzierung der Produktvarianten erzielt, sofern die

---

[121] Diese ist auch unter dem Begriff der Innovationsklausel bekannt. Vgl. Wenig, M. (2011, Innovationsklausel).

[122] Auch wenn die Umstellung ohne Prämienerhöhung erfolgt, sollten die Kosten der aktuariellen Prämienkalkulation bei Vertragsschluss berücksichtigt werden. Die genaue Ausgestaltung erfolgt unternehmensspezifisch. Vgl. Wenig, M, (2011; Innovationsklausel).

[123] Um jedoch eine vollständige Reduzierung der alten Bestandsgenerationen zu erreichen, wird zur gesamten Umstellung des Bestands aufgrund der teilweise sehr geringen Änderungshäufigkeit bspw. in der verbundenen Wohngebäudeversicherung eine anschließende Maßnahme wie z. B. die Änderungs- oder Ablaufkündigung benötigt.

alten Bestandsgenerationen vollständig eliminiert werden. Um jedoch eine möglichst nachhaltige Komplexitätsreduzierung der Versicherungsbestände zu ermöglichen, ist es auch notwendig, die Komplexität der 2. Dimension, d. h. der Variantenvielfalt der Produkte, dauerhaft zu beherrschen. Besonders in der Industrie sind Ansätze zum gezielten Variantenmanagement weit verbreitet.[124] Eine Möglichkeit besteht in einer flexiblen und dabei gleichzeitig standardisierten Gestaltung der Produktarchitektur. Um dies zu erreichen, bietet sich insbesondere die Einführung eines modularen Bausteinkastensystems an, da durch dieses ein hoher Grad an Individualisierung bei gleichzeitiger Standardisierung der Produkte erzielt werden kann.[125] In der Automobilindustrie zum Beispiel wird die Nutzung modularer Produkte als wesentlicher Erfolgsfaktor zur Erzielung von Skaleneffekten bei gleichzeitiger Bedienung der differenzierten Kundenwünsche angesehen.[126] Auch für die Versicherungsbranche ergibt sich durch die Anwendung modularer Produkte eine Reduzierung der Variantenvielfalt bei gleichzeitiger Aufrechterhaltung der Individualisierungsmöglichkeiten zur Marktbearbeitung (z. B. Zielgruppenkonzepte).[127] So können beispielsweise mit einem Basisprodukt und drei frei wählbaren Modulen bereits acht verschiedene Deckungsschutzkombinationen erzielt werden. Bei fixen Paketen sind es hingegen nur vier Kombinationsmöglichkeiten.[128] Dies lässt die Überlegung zu, dass die Umsetzung von modularen Produktlinien – ähnlich anderer Industrien – auch für Kompositversicherungsunternehmen einen positiven Einfluss auf die Komplexität hat. Damit lässt sich **Hypothese 11** formulieren:

---

[124] Siehe bspw. Pichler, H.; Edquist, W. (2014): Weniger ist oft mehr. Wie Unternehmen die Komplexität in der Lieferkette verringern können, ohne auf die Produktvielfalt zu verzichten, in: LOGISTIK HEUTE, H. 1-2/2014, S. 38.
[125] Vgl. Wichert, B. (2012, Chancen und Risiken).
[126] Vgl. o. V. (2011, Lean Innovation), S. 14.
[127] Siehe Schmidt-Gallas, D.; Beek, V.; et al. (2012, Modulare Produktstrukturen), S. 646.
[128] Vgl. Beeck, V.; Piotrowski, C. (2012, Produktgestaltung), S. 42.

Möglichkeiten zur Komplexitätsreduktion

H_{11}: Die Implementierung modularer Produkte, im Vergleich zu Produktlinien (fixe Produkte), wirkt sich für Kompositversicherungsunternehmen komplexitätsreduzierend aus.

Dies bedeutet, dass durch die Anwendung modularer Produkte die Komplexität – und somit auch die Komplexitätskosten in den Wertschöpfungsaktivitäten, wie Schaden, Betrieb und IT – unter Beibehaltung des Individualisierungsgrads reduziert werden kann.

Eine ausschließliche Konzentration auf die Produktarchitektur im Zuge des Variantenmanagements wäre zu kurz gegriffen. Da sich der detaillierte Umfang des Versicherungsschutzes vorrangig aus den Versicherungsbedingungen ergibt, besteht bei diesen ein weiterer Ansatzpunkt zur Reduzierung von Komplexität im Versicherungsunternehmen. Dabei kann neben dem Effekt einer modularen Produktarchitektur, des Weiteren durch eine stringente Standardisierung von allgemeinen Klauseln, der Formalia[129] und des Wordings innerhalb der Produkte sowie über alle Versicherungszweige hinweg zur Reduzierung der Komplexität beigetragen werden. Damit sollen zusätzliche Skaleneffekte in den einzelnen Wertschöpfungsaktivitäten erzielt werden. Hier ist beispielsweise denkbar, dass zur Vereinfachung Produkte mit stark standardisierten Bedingungen innerhalb eines Zweigs, aber auch über die verschiedenen Zweige hinweg konzipiert werden.[130] Durch Standardisierung sinkt somit die Heterogenität und Variantenvielfalt, wodurch eine schnellere und fehlerreduzierte Bearbeitung bspw. im Schadenbereich ermöglicht wird. Zudem können auch die Aufwände in der IT reduziert werden, da in Folge der Standardisierung weniger Varianten (bspw. von Selbstbehalten) abgebildet und

---

[129] Die Standardisierung der Formalia beinhaltet bspw. die Vereinheitlichung des Aufbau, der Überschriften sowie Darstellung in den Bedingungen und sonstigen Vertragsunterlagen.

[130] Beeck, V.; Piotrowski, C. (2012, Produktgestaltung), S. 43.

getestet werden müssen. Als positiver Nebeneffekt wird außerdem erhöhte Transparenz beim Vermittler und Verbraucher geschaffen. Daraus lässt sich die **Hypothese 12** logisch ableiten:

H_{12}: *Die stringente Standardisierung von allgemeinen Klauseln, der Formalia und des Wordings innerhalb der Produkte sowie über alle Versicherungszweige hinweg, führt zur Reduzierung der Komplexität in den Versicherungsbeständen.*

4.4 Zusammenfassung und Fazit

Die Produktkomplexität wird in der wissenschaftlichen Debatte sowohl in der Fachliteratur als auch in der Praxis als einer der wesentlichen Handlungsfelder zur Komplexitätsreduzierung in Unternehmen diskutiert. Dabei gelten, wie oben ausführlich diskutiert, besondere Rahmenbedingungen für Versicherungsunternehmen. Es konnte dabei festgestellt werden, dass die Reduzierung der Komplexität durch die Steuerung wie bei den in Kapitel 3.3 vorgestellten endogenen Einflussfaktoren eine erste Möglichkeit bietet. Des Weiteren kann beispielsweise die Fokussierung auf einen Vertriebsweg und nur wenige Versicherungszweige sowie die Begrenzung der Produktindividualisierung aufgrund der Kunden- und Vertriebsbedürfnisse angeführt werden.

Grundsätzlich stellt eine vertrieblich initiierte Vertragsharmonisierung infolge des persönlichen Kundenkontakts durch den Vermittler ein vergleichsweise „sanftes" Vorgehen dar, das in der Folge eine höhere Akzeptanz als die dargestellte Änderungskündigung sowohl beim Kunden als auch beim Vertrieb erwarten lässt.

Da heterogene Versicherungsbestände ganzheitlich zu optimieren sind, rücken zunächst Maßnahmen zur Reduzierung der historisch gewachsenen

Möglichkeiten zur Komplexitätsreduktion

Bedingungsgenerationen in den Fokus. Hier bieten sich zur nachhaltigen Lösung insbesondere Maßnahmen, wie zum Beispiel durch das Einbringen von Produktupgrade-Klauseln im Neugeschäft, an.

Des Weiteren konnten in Kapitel vier Möglichkeiten im Rahmen der Reduzierung von Produktvarianten - ähnlich Automotive - zur Lösung erörtert werden.

5 Forschungsdesign und methodisches Vorgehen der empirischen Untersuchung

5.1 Datenerhebung und Fragebogendesign

Da wie schon eingangs angeklungen, zum einen keine einheitlichen quantitativen Methoden zur Bewertung von Komplexität existieren und zum anderen eine solche Bewertung aufwändig auf Grundlage sensibler unternehmensindividueller Daten vorgenommen werden muss, kann nicht auf Sekundärdaten zurückgegriffen werden. Um dennoch die in den vorangegangenen Abschnitten aufgeworfenen Hypothesen testen zu können, muss auf die originäre Erhebung von Primärdaten in Form einer Querschnittserhebung zurückgegriffen werden.[131] Zur Ermittlung der relevanten Daten wurde die Befragung von Branchenexperten gewählt. Diese ermöglicht die Erhebung der Reichhaltigkeit der individuellen Erfahrungen der Experten sowie die Untersuchung inhaltlicher Sachverhalte und Beziehungen für die Forschung.[132] Zudem erlaubt das persönliche Interview, durch Nachfragen oder Erläuterungen auf Unklarheiten zu reagieren und auch bei einer hohen Anzahl von Fragen sowie komplexen Fragestellungen das Verständnis dieser sicherzustellen.

Aufgrund des Ziels, die Ergebnisse quantitativ zu untersuchen, wurde ein teilstandardisierter Fragebogen konzipiert.[133] Dieser zeichnet sich durch einen hohen Anteil an geschlossenen Fragen und die Vorgabe von

---

[131] Bei einer Querschnittsuntersuchung werden die Daten zu einem Zeitpunkt erhoben. Da kein Prozess untersucht wird, ist für die Beantwortung der Forschungsfrage die einmalige Erhebung der Daten hinreichend. Siehe Friedrichs, J. (1990, Sozialforschung), S. 116 f.

[132] Vgl. Töpfer, A. (2012, Forschen), S. 244.

[133] Der Fragebogen kann dem Anhang unter Abbildung 12 entnommen werden.

Bewertungsskalen aus. Durch die Implementierung von offenen Fragen sollte den Experten die Möglichkeit gegeben werden, Informationen zu eventuell noch nicht betrachteten Sachverhalten zu ergänzen.[134] Zudem bieten die offenen Fragen die Möglichkeit einer stichprobenartigen Kontrolle der Konsistenz der quantitativen Bewertungen.[135]

Um sicherzustellen, dass alle relevanten Punkte zur Klärung der Forschungsfrage thematisiert werden, leitet sich der Aufbau des Fragebogens aus den Forschungsfragen sowie den aufgestellten Hypothesen ab. Der Fragebogen besteht aus insgesamt fünf Teilen, wobei der erste und zweite aus Fragen zum Experten selbst und dem Unternehmen, für das dieser arbeitet, besteht. Die inhaltliche Auseinandersetzung mit der Thematik Komplexität im Versicherungsbestand, seine Einflussfaktoren und Auswirkungen erfolgt im dritten Teil. Angelehnt an die im Kapitel vier vorgestellten Varianten untersucht der vierte Teil die Frage der Möglichkeiten zur Reduzierung der Komplexität heterogener Bestände und die Vorteilhaftigkeit dieser aus Sicht der Experten. Abschließend erfolgt im fünften Teil die Bewertung der Auswirkungen einer Aktualisierung der Bestandsgenerationen, d. h. speziell der Reduzierung der Komplexität der 1. Dimension. Um eine Ableitung von Erfolgspotenzialen zu ermöglichen, wird hierfür auf die Nutzung von Musterunternehmen zurückgegriffen.[136] Diese sind durch die Experten nach dem Grad der Komplexität zu ordnen und hinsichtlich des Kostensenkungspotenzials durch eine Komplexitätsreduzierung zu bewerten. Ziel dessen ist die Ermöglichung

---

[134] Festgelegte Antwortmöglichkeiten besitzen den Vorteil, dass die Ergebnisse verhältnismäßig schnell und leicht auswertbar sind, da die entsprechenden Antworten somit direkt vergleichbar sind. Zudem erhöht dies die Objektivität der Befragung, da die Antworten nicht bei der Auswertung interpretiert werden müssen. Freie Antwortmöglichkeiten hingegen eröffnen die Möglichkeit wirkliche Neuigkeiten aus der Befragung abzuleiten. Vgl. Sedlmeier, P.; Renkewitz, F. (2013, Forschungsmethoden), S. 86 f.

[135] Durch die Überprüfung der Konsistenz der Antworten kann der Anforderung der Reliabilität entsprochen werden. Vgl. Friedrichs, J. (1990, Sozialforschung), S. 102 sowie S. 223.

[136] Die Musterunternehmen können der Tabelle 5 im Anhang entnommen werden.

einer differenzierten Betrachtung der Erfolgspotenziale anhand identifizierter Kriterien. Die Musterunternehmen wurden frei konstruiert und lehnen sich nicht an real existierende Unternehmen an. Die Konzeption der Musterunternehmen ist im Hinblick auf die grundlegenden Unternehmenskennzahlen – wie beispielweise die Bruttobeitragseinnahmen sowie Kostenquoten – auf Basis der in Kapitel 3.3 identifizierten Einflussfaktoren für Komplexität in heterogenen Versicherungsbeständen erfolgt. Daraus resultiert eine unterschiedliche Komplexität der Versicherungsbestände in den drei Musterunternehmen.[137] Zur Prüfung des Fragebogens wurde vor der Befragung ein Pretest durchgeführt, um Änderungsbedarf zu identifizieren und den zeitlichen Rahmen abschätzen zu können.[138]

Zur Ermöglichung der quantitativen Auswertung wurde für die geschlossenen Fragen zum einen eine Rating-Skala von eins bis sechs vorgegeben, wobei eins immer die höchste Ausprägung darstellt und sechs die niedrigste. Beispielhaft steht eins für den höchsten Einfluss oder die höchste Auswirkung und sechs für keinen Einfluss bzw. keine Auswirkung.[139] Um eine Konzentration in der Mitte zu vermeiden und eine eindeutige Tendenz ableiten zu können, ist hierfür die Wahl einer geraden Anzahl an Antwortkategorien erfolgt.[140] Zum anderen wurden Antwortvorgaben vorgegeben. Diese sind insbesondere zur Bestimmung der Zustimmung zu den aufgestellten Aussagen bzw. zur

---

[137] Bspw. ist hier die Bestandsverteilung auf die Generationen, der Vertriebswegemix, die Produktarchitektur als beschreibende Merkmale gewählt wurden.

[138] Die Prüfung wurde mit u. a. einem Associate Partner von 67rockwell durchgeführt, der langjährige Praxiserfahrung in der Beratung und in der ersten Führungsebene von Versicherungsunternehmen besitzt.

[139] Diese Skala wurde bspw. für die Fragen zur Bestimmung der Einflussfaktoren, Investitionskosten komplexitätsreduzierender Maßnahmen sowie die Auswirkung komplexitätsreduzierender Maßnahmen auf die Wertschöpfung gewählt.

[140] Vgl. Scholl, A. (2009, Befragung), S. 168.

Bewertung der Vorteilhaftigkeit bestimmter Maßnahmen gewählt worden.[141] Zur Ermöglichung der Auswertung wurden diese ebenfalls mit Zahlwerten von eins bis fünf hinterlegt, sodass auch hier eine Rating-Skala vorliegt.[142]

Das Interview wurde anhand des Aufbaus des Fragebogens strukturiert, wobei Ergänzungen und Sprünge in der Reihenfolge thematisch bedingt vorgenommen wurden. Die Befragung hat im Zeitraum von Mitte Oktober bis Mitte November 2014 stattgefunden, wobei diese durchgängig persönlich zu zweit in den Büroräumen des Experten geführt wurde. Die Länge eines Interviews betrug zwischen ein bis zwei Stunden. Zur inhaltlichen Orientierung lag der Fragebogen den Experten dabei immer direkt vor.[143]

5.2 Auswahl der Stichprobe

Um ein möglichst repräsentatives Bild des privaten Kompositversicherungsmarkts in Deutschland bei gleichzeitiger Berücksichtigung der nur beschränkten Zeit und des Umfangs der Untersuchung zu geben, bestand die Zielsetzung darin, fünf bis acht Experteninterviews durchzuführen. Zur Sicherstellung der Sachkunde der Experten in Bezug auf die Forschungsfrage wurde eine bewusste Auswahl anhand bestimmter Kriterien getroffen.[144] So sollten die Experten der ersten oder zweiten Führungsebene der Bereiche Produktmanagement, Schaden oder Betrieb des Privatgeschäfts eines deutschen Kompositversicherungsunternehmens angehören. Zudem wurde

---

[141] Damit eine semantische Skala als intervallskaliert angesehen werden kann müssen die Formulierungen spiegelbildlich benannt sein und mindestens fünf Stufen aufweisen. Um dieses Kriterium zu erfüllen, bietet es sich bei verbal formulierten Skalen an eine ungerade Anzahl an Stufen zu verwenden, weshalb für die verbale Benennung auch nur fünf Stufen gewählt wurden. Siehe Scholl, A. (2009, Befragung), S. 169.

[142] Siehe Sedlmeier, P.; Renkewitz, F. (2013, Forschungsmethoden), S. 65.

[143] Die Fragebögen sind den Teilnehmern mindestens eine Woche vor dem Interview informatorisch zur Verfügung gestellt wurden.

[144] Vgl. Friedrichs, J. (1990, Sozialforschung), S. 130 ff.

das Ziel verfolgt, Experten von mindestens fünf verschiedenen Unternehmen zu befragen. Die Mischung der Unternehmen sollte dabei möglichst repräsentativ für den Kompositversicherungsmarkt sein. Insgesamt wurden deshalb zehn leitende Angestellte von insgesamt sieben verschiedenen Unternehmen ausgewählt und per E-Mail kontaktiert. Die Kontakte wurden mit Unterstützung durch 67rockwell Consulting hergestellt. Insgesamt haben neun der zehn kontaktierten Experten einem Interview zugestimmt. Die neun Experten verteilen sich dabei auf sechs verschiedene Unternehmen mit einem gemeinsamen Marktanteil von ca. 27 % in der Kompositversicherung. Dabei unterscheiden sich die Unternehmen insbesondere hinsichtlich der Unternehmensgröße, dem Vertriebswegemix und der Mischung des Bestandsalters, wodurch ein repräsentativer Marktüberblick erzielt werden kann. Sieben der Experten gehören zur ersten Führungsebene, einer zur zweiten und ein weiterer zur dritten.[145] Entsprechend der genannten Merkmale kann die Stichprobe trotz des den Rahmenbedingungen geschuldeten begrenzten Stichprobenumfangs als repräsentativ angesehen werden.

5.3 Auswertung der Daten

Insgesamt konnte mit acht der neun Teilnehmer der Fragebogen zu mindestens 50 % beantwortet werden, wobei einzelne der offen gestellten Fragen ausgelassen wurden, da eine Beantwortung aus Zeitgründen oder aufgrund fehlender Hintergrundinformationen zur Beantwortung nicht möglich war. Bei einem Teilnehmer war die Beantwortung des Fragebogens nur vereinzelt und insgesamt zu unter 10 % möglich, weshalb dieser im Weiteren auch keine Berücksichtigung in der Auswertung fand. Die Ergebnisse der Auswertung beziehen sich somit immer auf die Antworten der acht Experten, die den Fragbogen zu mindestens 50 % beantwortet haben.

---

[145] Stellvertretende Benennung durch die kontaktierte Führungskraft erster Ordnung.

Zur Erleichterung der Gesprächsführung und Auswertung konnte in acht der neun Gespräche eine Tonbandaufnahme durchgeführt werden.[146] Zur Auswertung der verbalen Daten wurden diese schriftlich fixiert.[147] Die Transkriptionen bedienen sich dabei der Standardorthografie, das Gesprochene wird also gemäß den Normen geschriebener Sprache wiedergegeben, sodass Dialekt und andere sprachliche Merkmale unberücksichtigt bleiben.[148] Des Weiteren werden die Experteninterviews auf Grundlage deskriptiv-statistischer Verfahren zur Prüfung der aufgestellten Hypothesen ausgewertet. Ergänzend hierzu erfolgt eine qualitative Analyse der offenen Fragen, um zusätzliche Informationen zur Interpretation der Ergebnisse sowie zur Ableitung von Implikationen erheben zu können.

Da die Untersuchungsergebnisse die Meinungen der Experten darstellen, die stellvertretend für den privaten Kompositversicherungsmarkt ausgewählt und befragt wurden, wird im Rahmen der Arbeit die Verifizierung der Hypothesen in Kapitel sechs anhand der Expertenantworten durchgeführt.[149] Die Häufigkeitsverteilung der Ergebnisse wird zu diesem Zweck zum einen

---

[146] Einer der Experten war zu einer Tonbandaufnahme nicht bereit.

[147] Die Transkripte sind im Extraband zur Masterarbeit enthalten.

[148] Diese Form der Transkription kann als ausreichend für die Untersuchung betrachtet werden, da die Auswertung insbesondere auf die inhaltliche Analyse abzielt. Siehe Kowal, S.; O'Connel, D. (2000, Transkription), S. 439 ff.

[149] Gemäß dem Wissenschaftlichen Rationalismus – aus der sich das methodische Vorgehen der Arbeit ableitet – gilt, dass durch positive empirische Überprüfungen die Hypothesen nicht als Aussagen mit endgültiger Sicherheit bestätigbar sind, aber sie liefern mit zunehmender Wahrscheinlichkeit eine schrittweise Annäherung und somit mögliche Bestätigung. Gemäß dessen verliert also das Falsifikationsprinzip seinen dogmatischen Charakter. „Die Konfrontation einer Hypothese mit seiner empirischen Realität kann also auch durchaus positiv ausfallen respektive die Hypothese „darf" auch bestätigt werden im Sinne einer Konsistenz zwischen Hypothese und Beobachtung." Töpfer, A. (2012, Forschen), S. 130. Dementsprechend werden im Rahmen der Arbeit keine statistischen Hypothesentests im Sinne der Falsifizierung durchgeführt.

deskriptiv mittels gestapelten Balkendiagrammen bzw. Säulendiagramm[150] dargestellt und zum anderen um univariate Datenanalysemethoden[151] ergänzt. Dies beinhaltet die Ermittlung von Lageparametern – speziell der Mittelwerte arithmetisches Mittel, Median und Modus – sowie der Streuungsparameter – der Varianz bzw. Standardabweichung.[152] Die Lageparameter geben Auskunft über die zentrale Tendenz der Bewertung. Die Mittelwerte[153] bestimmen dabei konkret die Lage des mittleren Bereichs der Messwerte.[154] Bei einer sechsstufigen Skala zeigt ein Mittelwert zwischen 1 und 3,5 verbunden mit einer hinreichend geringen Streuung eine positive Bewertung bzw. eine Zustimmung zu der Aussage und somit Bestätigung der Hypothese an. Bei einer fünfstufigen Skala liegt dieser Bereich zwischen 1 und 3. Die Werte leiten sich aus den verwendeten Skalen ab: eine Verteilung links der Mitte zeigt eine hohe Zustimmung bzw. Bewertung, rechts von der Mitte eine niedrige Bewertung bzw. Ablehnung an. Zusätzlich zu den Mittelwerten wird zur Prüfung der Repräsentativität die Standardabweichung ermittelt. Eine hohe Standardabweichung zeigt eine starke Streuung der Bewertungen vom arithmetischen Mittel an und weist somit auf mögliche Inkonsistenzen hin, die

---

[150] In den Balken bzw. Säulen sind die absoluten Häufigkeiten der Antworten je Kategorie abgetragen. In den Balkendiagrammen sind zudem die kumulierten relativen Häufigkeiten horizontal ersichtlich.

[151] Die univariate Datenanalyse stellt eine Methode der statistischen Datenanalyse dar, die nur eine Variable zum Gegenstand hat. Da sich diese Variable auf nur einen Zeitpunkt bezieht (einmalige Erhebung) werden zur Auswertung der Daten Häufigkeitsanalysen wie absolute und relative Häufigkeiten und Häufigkeitsverteilungen verwandt. Vgl. Brich, S.; Hasenbalg, C.; Winter, E. (Hrsg.) (2014, Wirtschaftslexikon), S. 3244 f.

[152] Eine Übersicht zur Berechnung und Interpretation der Lage- und Streuungsparameter kann der Tabelle 8 im Anhang entnommen werden. Weiterführend wird u. a. auf die Ausführungen in Eckey, H.; Kosfeld, R.; et al. (2005, Statistik), S. 55 ff verwiesen.

[153] Das arithmetische Mittel ist ein Durchschnittswert, bei dem die Summe der Werte durch die Anzahl der Beobachtungen bzw. im diesem Fall der Bewertungen geteilt wird. Der Median teilt die Verteilung in zwei gleich große Hälften, sodass 50 % der Häufigkeiten über und 50% unter dem Median liegen. Der Modus stellt hingegen die häufigste Antwort dar. Vgl. Eckey, H.; Kosfeld, R.; et al. (2005; Statistik), S. 56 ff.

[154] Sofern eine symmetrische Verteilung vorliegt, zeigt das arithmetische Mittel den Schwerpunkt der Verteilung. Ist die Verteilung hingegen asymmetrisch, so stellt die Angabe der Verteilung eine verzerrte Darstellung dar. Zusätzlich wird deshalb auch der Median und Modus betrachtet. Siehe Fahrmeir, L.; Künstler, R.; et al. (2003, Statistik), S. 60 f.

Forschungsdesign und methodisches Vorgehen

bei der Interpretation der Ergebnisse und Prüfung der Hypothesen zu berücksichtigen sind.[155]

Im Rahmen der qualitativen Analyse werden die Antworten der Experten auf die offenen Fragestellungen sowie die Begründungen und Anmerkungen zu den geschlossenen Fragen ausgewertet. Sofern möglich, werden die manifestierten Antworten kategorisiert und nachfolgend nach ihren Häufigkeiten ausgewertet.[156] Andernfalls werden die Ergebnisse verbal beschrieben. Hierdurch sollen weitere, noch nicht durch den Fragebogen betrachtete Aspekte beleuchtet und eine bessere Interpretation der Antworten ermöglicht werden.

---

[155] Vgl. Fahrmeir, L.; Künstler, R.; et al. (2003, Statistik), S. 60 f.

[156] Das Vorgehen bei der Aufbereitung der Antworten lehnt sich grundlegend an das einer Inhaltsanalyse an, bei der die Zuordnung der Antworten zu Kategorien erfolgt und dadurch auch die Möglichkeit einer Quantifizierung eröffnet wird. Siehe Scholl, A. (2009, Befragung), S. 72 f.

6 Ergebnisse der empirischen Untersuchung

6.1 Relevanz von Komplexität heterogener Versicherungsbestände

Die Experten wurden zunächst gebeten, ihre Einschätzung zur Relevanz der Komplexitätsthematik im Hinblick auf den Markt und das eigene Unternehmen auf einer Skala von ein bis sechs zu bewerten. Die Abbildung 2 zeigt für beide Fragestellungen eine relativ hohe Konzentration der Antworten im oberen Bereich zwischen eins und drei. Es ist des Weiteren ersichtlich, dass der Median für den Markt und das eigene Unternehmen bei 2,0 liegt. Ebenfalls ist das arithmetische Mittel nahe zwei, wodurch sich zeigt, dass die Komplexität von den befragten Experten als durchaus wichtig erachtet wird. Zudem belegen auch die zusätzlich ermittelten Altersstrukturen des Bestands der untersuchten Unternehmen die Annahme, dass eine hohe Relevanz des Themas vorliegt. Nur bei zwei der sechs Unternehmen sind mind. 80 % des Bestands jünger als 10 Jahre.[157] Zusammenfassend bestätigt sich aufgrund der Ergebnisse eine hohe Relevanz des Forschungsgegenstands sowohl in den einzelnen Unternehmen als auch für den Markt.

---

[157] Bei vier der Unternehmen liegen für 20 bis 40 % des Bestands Bedingungen, die vor mindestens mehr als 10 Jahren geschlossen wurden, zu Grunde.

Ergebnisse der empirischen Untersuchung

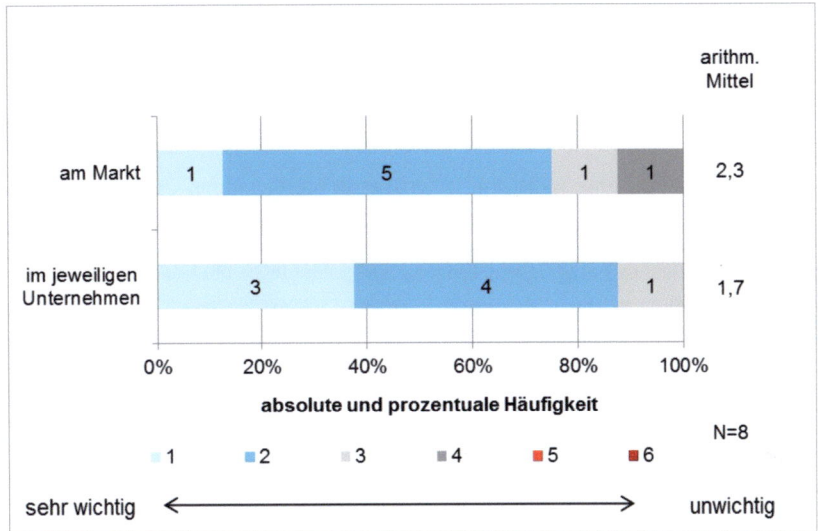

Abbildung 2: Relevanz der Komplexität heterogener Versicherungsbestände[158]

Nachdem im ersten Schritt die Relevanz des Themas für die Kompositversicherungsunternehmen als auch für den Markt festgestellt werden konnte, gilt es in einem nächsten Schritt, den Fokus auf die herausgearbeiteten Einflussfaktoren zu legen.

6.2 Relevanz der Einflussfaktoren auf die Komplexität heterogener Versicherungsbestände

Die Einflussfaktoren wurden zur Verbesserung der Übersichtlichkeit in der Abbildung 3 absteigend vom höchsten zum niedrigsten durchschnittlichen Einfluss geordnet. Aus dieser Abbildung ist ersichtlich, dass die in Kapitel vier

---

[158] Eigene Darstellung auf Grundlage der Daten der Expertenbefragung.

identifizierten Einflussfaktoren alle einen durchschnittlichen Einfluss von mindestens drei auf die Komplexität von Versicherungsbeständen ausüben. Die verhältnismäßig niedrige Bewertung der Einflussstärke der Kundenwünsche ist darauf zurückzuführen, dass im privaten Kompositversicherungsgeschäft eine starke Individualisierung im Massengeschäft aus Sicht der Kunden nicht gewünscht ist. Darüber hinaus ist dieser Einflussfaktor in der Regel sehr stark durch das Versicherungsunternehmen selbst zu beeinflussen.[159] Hinsichtlich des technischen Fortschritts und des Produktinnovationszyklus zeigt sich, dass diese zwar Einfluss nehmen (arithmetisches Mittel und Median von 3,0), aber in der Praxis im privaten Kompositversicherungsgeschäft verhältnismäßig wenig (echte) technische bzw. Produktinnovationen existieren. Da alle Faktoren mit einem grundlegenden Einfluss von durchschnittlich mindestens drei (Median bzw. arithmetisches Mittel) bewertet wurden, können diese als relevant eingestuft werden. Die Hypothese H_1 - die die in Abbildung 3 dargestellten Einflussfaktoren zeigt - kann damit im Ergebnis bestätigt werden.

---

[159] Die Stärke der Individualisierung ist dabei insbesondere von der Ausrichtung des Versicherers abhängig. Ein Versicherungsunternehmen, das sich als Anbieter hoher Produkt- und Beratungsqualität versteht, wird i. d. R. ein tieferes Produktsortiment anbieten um den Kunden eine möglichst passgenauen Versicherungsschutz offerieren zu können. Im Gegensatz dazu wird ein Direktversicherer, der bspw. eine Preisführerschaft anstrebt, eher stark standardisierte Produkte in einer oder wenigen Ausführungen anbieten. Siehe Farny, D. (2011, Versicherungsbetriebslehre), S. 405 sowie 704.

Ergebnisse der empirischen Untersuchung

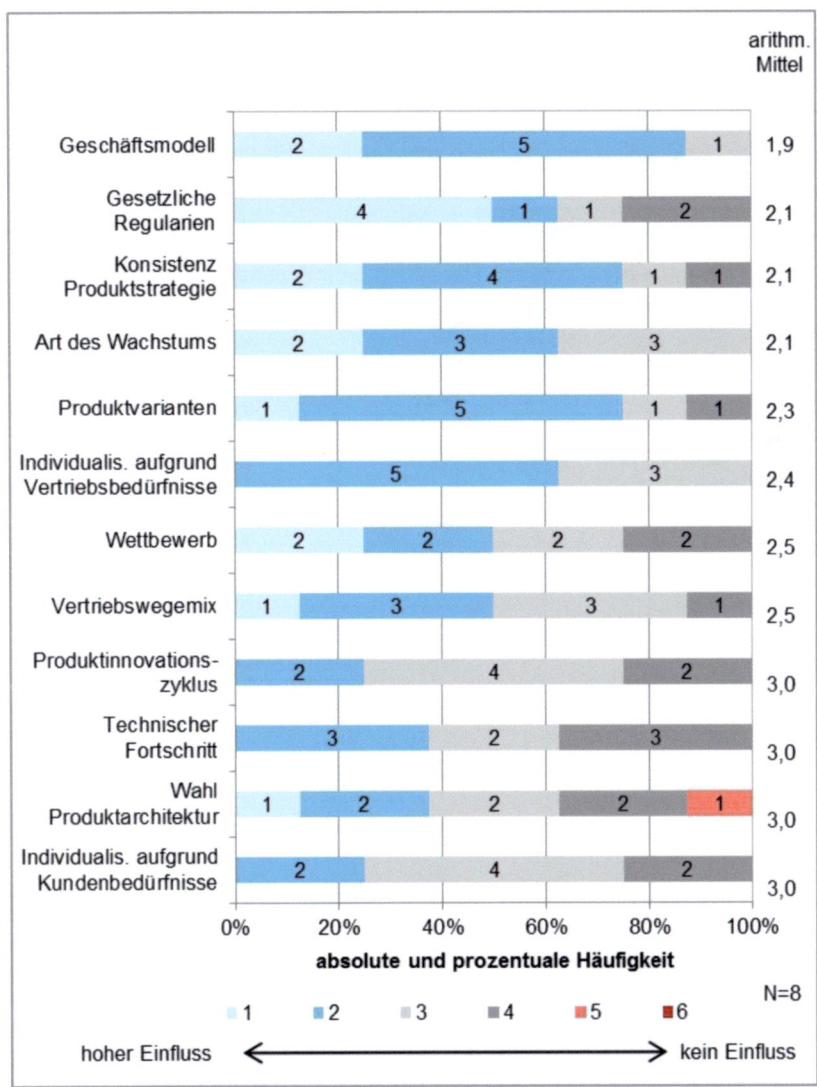

Abbildung 3: Einflussfaktoren für die Komplexität heterogener Versicherungsbestände[160]

---

[160] Eigene Darstellung auf Grundlage der Daten der Expertenbefragung.

Im Weiteren wurden die Experten gebeten, die Aussagen der den Sachverhalt vertiefenden Hypothesen H_2 und H_3, zu den Einflussfaktoren direkt zu bewerten. Im Ergebnis zeigt sich, dass die Komplexität im Maklergeschäft typischerweise höher als im Direkt- und Ausschließlichkeitsvertrieb ist.[161] Aus dem arithmetischen Mittel von 1,6 bzw. dem Median von 2,0 leitet sich ab, dass der Hypothese H_2 eher zugestimmt wird und sie damit statistisch als bestätigt gilt. Der Hypothese H_3 stimmen sieben der acht Experten voll und ganz zu. Im Vergleich der Mittelwerte, die sich nahe 1 bewegen, kann auch diese Hypothese bestätigt werden. Das bedeutet im Ergebnis, dass die Komplexität der heterogenen Versicherungsbestände in anorganisch gewachsenen Unternehmen höher ist als in organisch gewachsenen Versicherungsunternehmen.[162] Die Abbildung 4 stellt die Zusammenhänge nochmals dar.

---

[161] Wie die Auswertung zeigt, stimmen die Experten der Hypothese zu, erläutern aber, dass ein Versicherer mit eigenem Ausschließlichkeitsvertrieb hingegen alle Produkte, also auch Nischenprodukte, anbieten muss, da dem Einfirmenvertreter nur die Produktpalette seines Versicherungsunternehmens zur Verfügung steht. Da Makler auf die Produkte mehrerer Versicherer zugreifen können, kann ein reiner Maklerversicherer theoretisch hingegen auch eine vergleichsweise schmale Produktpalette anbieten. Hierdurch ist eine Relativierung des Effekts möglich.

[162] Anhand der geringen Standardabweichungen für beide mit rd. 0,4 für H2 und 0,5 für H3 ist eine Konzentration der Antworten ersichtlich.

Ergebnisse der empirischen Untersuchung

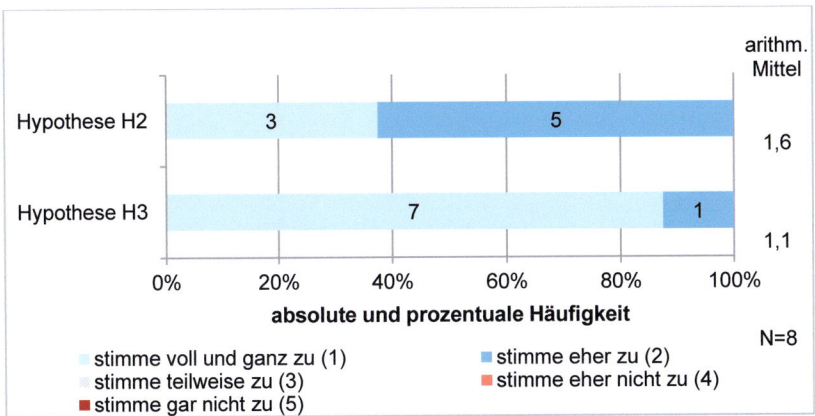

Abbildung 4: Ausmaß der Zustimmung der Experten zu H2 und H3[163]

Dem wissenschaftlichen Vorgehen weiter folgend, sollen im nächsten Abschnitt die hypothetisch möglichen Auswirkungen gegen die Einschätzung der Experten geprüft werden.

---

[163] Eigene Darstellung auf Grundlage der Daten der Expertenbefragung.

6.3 Auswirkungen der Komplexität heterogener Versicherungsbestände

Entsprechend der Expertenschätzungen sind die Auswirkungen der Komplexität heterogener Versicherungsbestände auf die Bereiche Schaden, Betrieb und IT am höchsten. Weitere oft identifizierte Bereiche sind das Produktmanagement und der Vertrieb. Konkret werden dabei insbesondere der höhere operative Aufwand und die damit verbundene Erhöhung der Kosten in den Geschäftsprozessen infolge

- einer verminderten Bearbeitungsgeschwindigkeit und somit Ressourcenbindung in der Bearbeitung von Anfragen und Schäden,

- erhöhter Fehleranfälligkeit bei der Vertrags- und Schadenbearbeitung,

- erhöhtem Schulungsbedarfs sowie

- höherer Programmier-, Test- und Prüfaufwände in der IT bei Anpassungen der Produkte und technischen Neuentwicklungen,

genannt.

Die Hypothese H_6 kann zunächst nur teilweise statistisch bestätigt werden, da an dieser Stelle von den Experten nur die Bereiche Betrieb, Schaden und IT einvernehmlich als Hauptlastträger der Komplexität benannt wurden. Infolge der offenen Fragestellung muss eine nochmalige Prüfung der Hypothese erfolgen, um eine Bewertung der Auswirkungen von Komplexitätsreduzierungen auf die Wertschöpfungsaktivitäten zu erhalten.

In der Hypothese H_4 wurden die Auswirkungen auf die IT formuliert (Abbildung 5). Im Ergebnis stimmen fünf der Teilnehmer voll und ganz zu, drei stimmen eher zu. Zur weiteren Validierung werden die Mittelwerte herangezogen. Diese liegen alle bei einem Mittelwert um 1, sodass auch diese Hypothese bestätigt werden kann.[164] Der Anstieg der IT-Kosten wird von einem der Experten durch einen hohen Aufwand für die Abbildung und Pflege der IT-Systeme bei Existenz vieler Produktgenerationen und -varianten im Bestand begründet. Von besonderer Relevanz ist die Systempflege, da Änderungen in der Regel für jedes Produkt separat vorgenommen werden müssen.[165] Bei der Validierung der Hypothese H_5 zeigt sich ebenfalls ein Median von 1,0. Ein Experte hat dieser Hypothese eher nicht zugestimmt, da aus seiner Sicht eine Komplexitätsreduzierung nicht als zwingende Voraussetzung für die Standardisierung und Modernisierung der IT betrachtet wird, sofern die Bearbeitung des Bestands im gleichen System erfolgt. Das arithmetische Mittel ist dementsprechend mit 1,6 etwas niedriger, aber immer noch hinreichend hoch, um die Hypothese H_5 zu bestätigen.

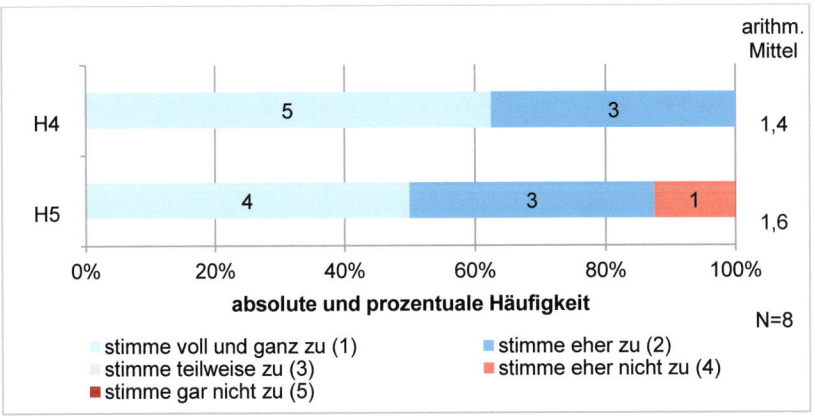

Abbildung 5: Ausmaß der Zustimmung der Experten zu H4 und H5[166]

Im Weiteren sollen im folgenden Abschnitt die Möglichkeiten der Harmonisierung von Bestandsgenerationen geprüft werden.

---

[164] Dies wird auch durch die besonders niedrige Standardabweichung von rd. 0,5 gestützt.

[165] Beispielhaft kann hier die Anpassung der Versicherungssteuer genannt werden, die für jede Bedingungsgeneration einzeln durchgeführt werden muss.

[166] Eigene Darstellung auf Grundlage der Daten der Expertenbefragung.

6.4 Ansätze zur Harmonisierung der Bestandsgenerationen

Die Bewertung der Vorteilhaftigkeit der in Kapitel vier identifizierten Ansätze zur Komplexitätsreduzierung ist in Abbildung 6 dargestellt.[167] Dabei zeigt sich, dass die Reduzierung der Komplexität mittels des Versands einer Änderungskündigung von den befragten Experten im Durchschnitt als eher weniger vorteilhaft bewertet wird. Durch die Anwendung dieser Variante kann zwar eine vollständige Vertragsharmonisierung und somit Reduzierung der Bestandsgenerationen erzielt werden, jedoch erwarten die Experten negative Imageeffekte sowie einen hohen Bestandsverlust aufgrund des „harten Vorgehens[168]. Die Stornoquote wird von den Experten mit mindestens 20 % bis sogar – in zwei Fällen – mit bis zu 80 % eingeschätzt. Eine genauere Bestimmung kann nicht erfolgen, da diese von der konkreten Ausgestaltung des Vorgehens abhängig ist und zudem auch zu erwarten ist, dass die Stornohöhe in den Versicherungszweigen variiert.[169]

---

[167] Über die Bewertung der Zielerreichung hinaus ist zu erkennen, dass für die Einschätzung der Vorteilhaftigkeit weitere Faktoren wie z. B. Image- und Kosteneffekte sowie rechtliche Rahmenbedingungen herangezogen wurden, da nur unter Beachtung dieser eine solche strategische Entscheidungen getroffen werden kann.

[168] Ein solches Vorgehen wird eher im Bereich der Vertragssanierung bzw. im Zuge von Profitabilisierungen einzelner Bestände als nützlich erachtet.

[169] Bspw. wird die Stornoquote in Wohngebäude geringer eingeschätzt als in Haftpflicht oder Unfall.

Ergebnisse der empirischen Untersuchung

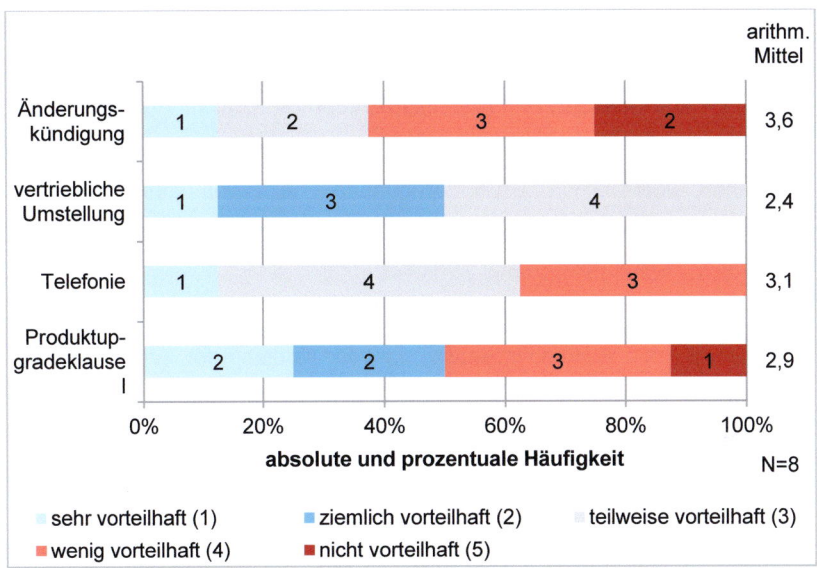

Abbildung 6: Ansätze zur Harmonisierung von Bestandsgenerationen[170]

Die Variante einer vertrieblich initiierten Vertragsumstellung wird, entsprechend wie in Abbildung 6 dargestellt, von den Experten grundsätzlich als sehr vorteilhaft gesehen, da hier ein impliziter Beratungsansatz Anwendung findet, um den Bestand zu harmonisieren. Mit diesem Verfahren der Bestandsharmonisierung wird gleichzeitig der Beratungspflicht des Versicherungsunternehmens entsprochen, sodass insgesamt die Kundenbindung und das Image gezielt gesteigert werden können. Als Nachteil sehen die Experten jedoch die relativ hohen, zu erwartenden Kosten der Incentivierung einzelner Vermittler sowie des gesamten Vertriebs. Des Weiteren wird ergänzt, dass durch eine solche Anreizung des Vertriebs

---

[170] Eigene Darstellung auf Grundlage der Daten der Expertenbefragung.

möglicherweise Kannibalisierungseffekte[171] gegenüber dem Neugeschäft entstehen können. Als Voraussetzung zur Durchführung einer vertrieblichen Umstellung lässt sich aus den Gesprächen ableiten, dass ein gut aufgestellter Außendienst und eine funktionierende Vertriebssteuerung als notwendig angesehen werden.[172] Der Umstellungserfolg wird von sieben der acht Experten zwischen 30 bis maximal 50 % eingeschätzt. Ein Experte schätzt diesen etwas höher mit maximal 75 % ein.

Im beschriebenen Alternativszenario, d.h. der Nutzung der Telefonie in der Vertragsumstellung, kann die Problematik der zielgerichteten Steuerung des Außendienstes umgangen werden. Die Experten erachten diese Variante als teilweise vorteilhaft. Zwar stellt die Telefonie eine vergleichsweise kostengünstige Option dar, aber gleichzeitig gehen die Experten auch von einer signifikant geringeren Umstellungsquote im Bestand des Unternehmens aus. Die Expertenschätzungen variieren dabei stark, wobei jedoch die maximale Umstellungsquote aus deren Sicht 35 % beträgt.[173] Dies leitet sich aus Problemen der Vergangenheit ab. Zum einen kann eine derartige Umstellung nur im Rahmen der Inbound-Telefonie[174] erfolgen.[175] Zum anderen wurden mit dem telefonischen Absatz negative Erfahrungen in anderen Branchen (z.B. Mobilfunkanbieter) gesammelt. Das Kundenvertrauen ist hier verständlicherweise stark zurückgegangen.

---

[171] In diesem Zusammenhang, bezeichnet der Kannibalisierungseffekt, dass aufgrund der Incentivierung vorrangig Vertragsänderungen durch den Vertrieb vorgenommen werden und dadurch der Neugeschäftsabsatz zurückgeht. Die Neugeschäftszahlen sinken also zu Gunsten des Änderungsgeschäfts.

[172] Für Versicherungsunternehmen mit einem hohen Anteil Direktvertrieb ist eine solche Maßnahme entsprechend nur schwer umsetzbar.

[173] Drei Experten sehen diese als sehr gering (unter 10 %) und zwei weitere bei 15 bis 20 %.

[174] Die Inbound-Telefonie bezeichnet die beim Unternehmen eingehende Kommunikation. Im Gegensatz dazu wird unter Outbound-Telefonie der Anruf des Kunden durch das Unternehmen verstanden. Siehe Wagner, F. (Hrsg.) (2011, Versicherungslexikon), S. 359.

[175] § 7 Abs. 2 Nr. 2 i. V. m. § 20 Abs. 2 UWG besagt, dass ein Telefonanruf der Kunden durch das Unternehmen - ohne vorherige Zustimmung des Kunden - unlauter ist.

Ergebnisse der empirischen Untersuchung 67

Die geschätzten Umstellungsquoten bestätigen somit die Hypothese H$_{10}$, dass eine vollständige Vertragsharmonisierung des Bestands allein durch eine vertrieblich oder telefonisch initiierte Vertragsumstellung nicht erzielt werden kann und in letzter Konsequenz Ablaufkündigungen zum vollständigen Abbau alter Produktgenerationen notwendig werden.

Neben den bereits diskutierten Instrumenten gibt es noch die Produktupgrade-Klausel als mögliches Instrument der Umstellung. Diese wird von den Experten im Durchschnitt als teilweise vorteilhaft betrachtet, wobei die einzelnen Experten diese sehr unterschiedlich einstufen.[176] Als ausgesprochen positiv wird die Möglichkeit einer laufenden Aktualisierung der Bestände und somit als ein Weg zur nachhaltigen Komplexitätsreduzierung gesehen. Negativ wird hingegen gesehen, dass im Rahmen der Produktanpassung nur Leistungsverbesserungen erlaubt sind, sodass bei einer möglichen Verschlechterung des Leistungsumfangs diese nicht durchgeführt werden können. Des Weiteren kann die Prämienkalkulation für mögliche Leistungsverbesserungen problematisch sein, da Leistungsverbesserungen im Vorfeld häufig nicht bekannt sind und eine Kalkulation in der Folge zu Schwierigkeiten führt.

Vergleicht man die beschriebenen Ansätze, wie in Abbildung 6 dargestellt, so zeigt sich, dass die vertriebliche Vertragsumstellung mit einem arithmetischen Mittel von 2,4 als am vorteilhaftesten bewertet wird. Mit den durch die Experten geschätzten Umstellungsquoten lässt sich jedoch ableiten, dass weder mit einer vertrieblich initiierten Umstellung noch mit einer Vertragsharmonisierung durch die Telefonie ein vollständiger Abbau der alten Bestandsgenerationen erzielt werden kann. Nur mit der Variante der Änderungskündigung kann ein vollständiger Abbau alter Bestandsgenerationen erreicht werden.

---

[176] Die differenzierte Bewertung zeigt sich auch anhand der vergleichsweise großen Standardabweichung von rd. 1,6.

Dementsprechend haben drei der Experten als weitere Möglichkeit eine Kombination aus der vertrieblichen Vertragsumstellung und einer anschließenden Änderungskündigung in den Ansätzen ergänzt. Bei dieser Variante erfolgt nach Ablauf eines bestimmten Zeitraums, in dem der Vertrieb die Vertragsumstellung vornehmen kann, die Änderungskündigung für die Restanten im Bestand. Das Vorgehen ermöglicht die Kombination der Vorteile beider Maßnahmen. Zudem wird eine Erhöhung der vertrieblichen Umstellungsquote aufgrund des zusätzlichen Anreizes für den Vertrieb zur Vertragsumstellung und damit einhergehend eine Reduzierung des Imageverlustes erwartet.[177] Damit kann der Anforderung einer vollständigen Harmonisierung des Bestands Rechnung getragen werden. Die Experten bewerten die Kombination entsprechend als ziemlich vorteilhaft. Im Vergleich zu den weiteren Möglichkeiten stellt diese mit einem arithmetischen Mittel von 1,7 und einem Median von 2,0 die vorteilhafteste Variante dar.

Unabhängig von der gewählten Maßnahme zur Reduzierung der Komplexität der Bedingungsgenerationen werden bei der Durchführung der Abbau profitabler Bestände aufgrund von erhöhtem Storno und eine damit einhergehende Erhöhung der Schadenquote sowie aus der Maßnahme resultierende negative Imageeffekte als größte Gefahr genannt. Zudem erwarten die Experten auch konzeptionelle und organisatorische Herausforderungen (unter anderem Abstimmung mit der Bundesanstalt für Finanzdienstleistungsaufsicht) bei der Umsetzung von komplexitätsreduzierenden Maßnahmen.

---

[177] Aufgrund von Bestandsprovisionen besteht auch beim Vermittler ein Interesse dass der Versicherungsnehmer nicht kündigt, sodass erwartet wird, dass bei den vom Vertrieb identifizierten wichtigen Kunden eine persönliche Beratung zur Umstellung erfolgt. Somit kann eine Reduzierung der Stornoquote im Vergleich zu einer reinen Umstellung mittels Änderungskündigung erzielt werden, wodurch der negative Imageeffekt reduziert wird.

6.5 Ansätze zur Reduktion der Produktvarianten

Im Hinblick auf die Möglichkeiten zur nachhaltigen Komplexitätsreduzierung durch die Reduzierung von Produktvarianten wurden die Experten direkt befragt, ob sie den Hypothesen H_{11} und H_{12} zustimmen. In der nachfolgenden Abbildung 7 ist dargestellt, dass sich die Einführung modularer Produkte im Vergleich zu fixen Produkten komplexitätsreduzierend auf den Versicherungsbestand auswirkt. Die Begründung liegt in der höheren Flexibilität der modularen Produkte bei gleichzeitiger Erfüllung der Kundenwünsche. Durch die modularen Produkte wird es möglich, Aufwand in der IT und im Betrieb zu reduzieren, da einzelne Module im Sinne von „Gleichteilen" wiederverwendet werden können und deshalb weniger Varianten notwendig werden. Diese Bewertung trifft jedoch vorrangig für große beratungsorientierte Mehrspartenversicherer zu. Sofern ein Versicherer nur sehr wenige Produktvarianten anbietet, erwarten die Experten, dass sich der komplexitätsreduzierende Effekt nicht mehr bestätigen lässt. Aus diesem Grund haben deshalb auch zwei Experten der Hypothese H_{11} nicht bzw. eher nicht zugestimmt.[178] Das arithmetische Mittel und der Median sind mit 2,4 bzw. 2,0 relativ hoch.

Obwohl daraus abgeleitet werden kann, dass die Experten im Mittel eher zustimmen, wird aufgrund der obigen Einschränkung der Gültigkeit diese Hypothese adjustiert. Durch die Ergänzung einer breiten Produktpalette als Voraussetzung kann H_{11} bestätigt werden: Für Versicherer mit einer breiten Produktpalette wirkt sich die Implementierung von modularen Produkten - im Vergleich zu fixen Produkten - komplexitätsreduzierend aus.

---

[178] Die uneinheitliche Bewertung ist auch an der hohen Standardabweichung von rd. 1,4 ersichtlich. Die Experten, die der Hypothese nicht zustimmen, kommen aus Unternehmen, die vorrangig fixe Produkte (mit Zuwahl von Zusatzbausteinen) anbieten. Als weitere Gründe wurde die in der Praxis vielfach kontrovers diskutierte Problematik des Vertriebs modularer Produkte angeführt. Hierunter sind insbesondere die oft in der Presse genannte erhöhte Komplexität im Verkauf (Erklärungsaufwand) und mögliche Antiselektion einzuordnen. Vgl. Wichert, B. (2012, Chancen und Risiken).

Im Gegensatz hierzu wird von den befragten Experten die Hypothese H_{12}, dass die Komplexität in den Produkten durch eine stringente Standardisierung reduziert werden kann, uneingeschränkt bestätigt. Der Median von 1,0 und das arithmetische Mittel von 1,5 zeigen, dass die Experten im Mittel dieser voll und ganz zustimmen.

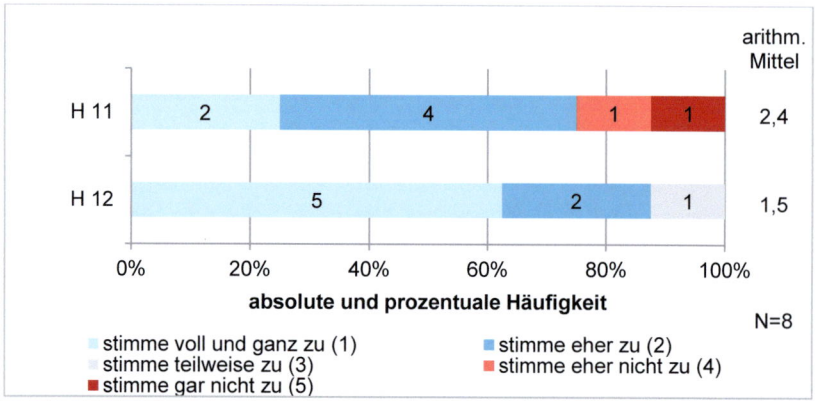

Abbildung 7: Grad der Zustimmung zu den Hypothesen H11 und H12[179]

Neben der Einschätzung einzelner Ansätze im Hinblick auf Realisierbarkeit gilt es ebenso, die damit verbundenen Investitionskosten einzuschätzen.

6.6 Investitionskosten

In Folge der nur schwer bestimmbaren Kostenwirkungen haben nur fünf Experten eine Einschätzung der Investitionskosten vorgenommen, wobei es dabei nur einem gelungen ist, hier eine Einschätzung für alle Maßnahmen zu geben.[180] Des Weiteren wurden die Bewertungen unter der Annahme verschiedener, durch die Experten ergänzte Rahmenbedingungen getroffen.

---

[179] Eigene Darstellung auf Grundlage der Daten der Expertenbefragung.

[180] U. a. aufgrund der Vielzahl an Rahmenbedingungen, die bei einem Modell nicht vollständig parametrisiert werden können.

Ergebnisse der empirischen Untersuchung 71

Die Auswertung zeigt für fast alle Varianten und Kostenpositionen hohe Standardabweichungen. Als Hauptkostentreiber bei der vertrieblichen Umstellung wurden einheitlich die Kosten der Incentivierung gesehen.[181] Für die Änderungskündigung stellen dies die Kosten für die Aufbereitung und den Versand der Unterlagen dar.[182]

Infolge der verminderten Vergleichbarkeit und möglichen Fehlinterpretation der Ergebnisse werden die weiteren Kostenpositionen im Rahmen der Untersuchung nicht weiter erörtert. Aus den Gesprächen kristallisiert sich jedoch heraus, dass die Höhe der Kosten bei allen Maßnahmen von den technischen Rahmenbedingungen (z.B. IT) abhängig ist.

Für Versicherungsunternehmen, die eine hohe Standardisierung und Dunkelverarbeitung in den technischen Prozessen aufweisen, sind die Kosten der betrieblichen Bearbeitung vergleichsweise gering. Sofern keine oder wenig technische Unterstützung in den Prozessen des Versicherungsunternehmens gegeben ist, sind in der Variante der Änderungskündigung und der vertrieblich initiierten Umstellung sowohl die Angebotserstellung als auch die Dokumentation des Neuvertrags manuell durch Betriebs- bzw. Vertriebsmitarbeiter durchzuführen. Für Versicherer mit einem sehr großen Bestandsvolumen können diese Aufwände für rein manuelle Bearbeitungen erheblich sein. Der Entscheidung für Maßnahmen zur Komplexitätsreduzierung sind deshalb im Rahmen von Business Cases der entstehende Nutzen den Prozesskosten des Unternehmens gegenüberzustellen.

---

[181] Die Mittelwerte zeigen ein sehr hohes Ausmaß (arithmetisches Mittel = 1,4; Modus und Median = 1). Zudem ist die Standardabweichung mit rd. 0,5 vergleichsweise gering.

[182] Die Mittelwerte zeigen ein sehr hohes Ausmaß (arithmetisches Mittel, Modus und Median = 2). Zudem existiert keine Streuung der Ergebnisse (Standardabweichung = 0,0)

6.7 Verantwortlichkeit für die Umsetzung einer Komplexitätsreduktion

Wesentlich für die Umsetzung derartiger Maßnahmen in der betrieblichen Praxis ist die Festlegung der Verantwortlichkeit im Unternehmen. Die Experten sehen die Fachabteilung, die spartenverantwortlich ist, federführend in der Umsetzungsverantwortung.[183] Grundsätzlich können aber alle Bereiche wie Betrieb, Schaden, Produktmanagement und IT Initiator einer komplexitätsreduzierenden Maßnahme im Versicherungsbestand sein. Als wichtig wird zudem erachtet, dass alle Bereiche, die Hauptlastträger der negativen Komplexität sind, an der Umsetzung beteiligt werden.

6.8 Bewertung der Auswirkungen von Komplexitätsreduktionen in heterogenen Versicherungsbeständen auf die Wertschöpfung

Zur Bewertung der Auswirkungen von Komplexität wurden die Experten gebeten, die Intensität auf die in Kapitel 2.3 dargestellten Wertschöpfungsaktivitäten im Versicherungsunternehmen zu bewerten.[184] Anhand der Ergebnisse, wie sie in Abbildung 8 dargestellt sind, zeigt sich, dass den – auch in Hypothese H_6 genannten – Bereichen IT, Betrieb, Schaden, Produktmanagement und Vertrieb die höchsten Auswirkungen bei einer Komplexitätsreduzierung zugewiesen werden.[185] Der Median liegt für diese Wertschöpfungsaktivitäten mindestens bei 2, was einer starken Auswirkung

---

[183] Sechs der Experten haben die Frage, in welchem Bereich die Verantwortlichkeit einer Komplexitätsreduzierung im Bestand liegen muss, beantwortet.

[184] Unter Auswirkung werden entsprechend der Ausführungen in Kapitel 2.3 i. V. m. Kapitel drei die positiven Effekte auf die Geschäftsprozesse und somit die Kosten der jeweiligen Wertschöpfungsaktivität verstanden.

[185] Über die direkten Kostenwirkungen auf die Wertschöpfungsaktivitäten hinaus führen zwei Experten an, dass sich durch die Komplexitätsreduzierung in den Beständen insbesondere im Schaden und Betrieb auch höhere Möglichkeiten zum Outsourcing von Prozessen eröffnen.

entspricht. Die Einschätzung der Experten bestätigt insofern statistisch die formulierte Hypothese H6.

Darüber hinaus können entsprechend der Expertenmeinungen auch geringe Auswirkungen durch Komplexitätsreduzierungen im Bereich des Controllings sowie des Risiko- und Rückversicherungsmanagements auftreten.[186] Hingegen werden die Effekte auf das Marketing, das Personalwesen sowie im Asset Management als eher unwesentlich bzw. als nicht vorhanden eingestuft (arithmetisches Mittel zwischen 3,5 und 6). Aufgrund der positiven Effekte auf die einzelnen Wertschöpfungsaktivitäten können die Kosten der Leistungserstellung insgesamt reduziert werden. Dies bestätigt auch die Bewertung der Auswirkung auf die Wertschöpfung insgesamt, die im arithmetischen Mittel mit 2,6 und im Median mit 2,5 als wesentlich eingestuft wird. Damit lässt sich die Hypothese H8 bestätigen: Die Effekte einer Komplexitätsreduzierung wirken sich insgesamt positiv auf die Wertschöpfung im Unternehmen aus.

---

[186] Bspw. durch die Senkung der Aufwände für die Kalkulation des Sicherheitskapitals im Risikomanagement bzw. die Prämienkalkulation in der Rückversicherung sowie im Spartencontrolling durch die Reduzierung der zu betrachtenden Varianten.

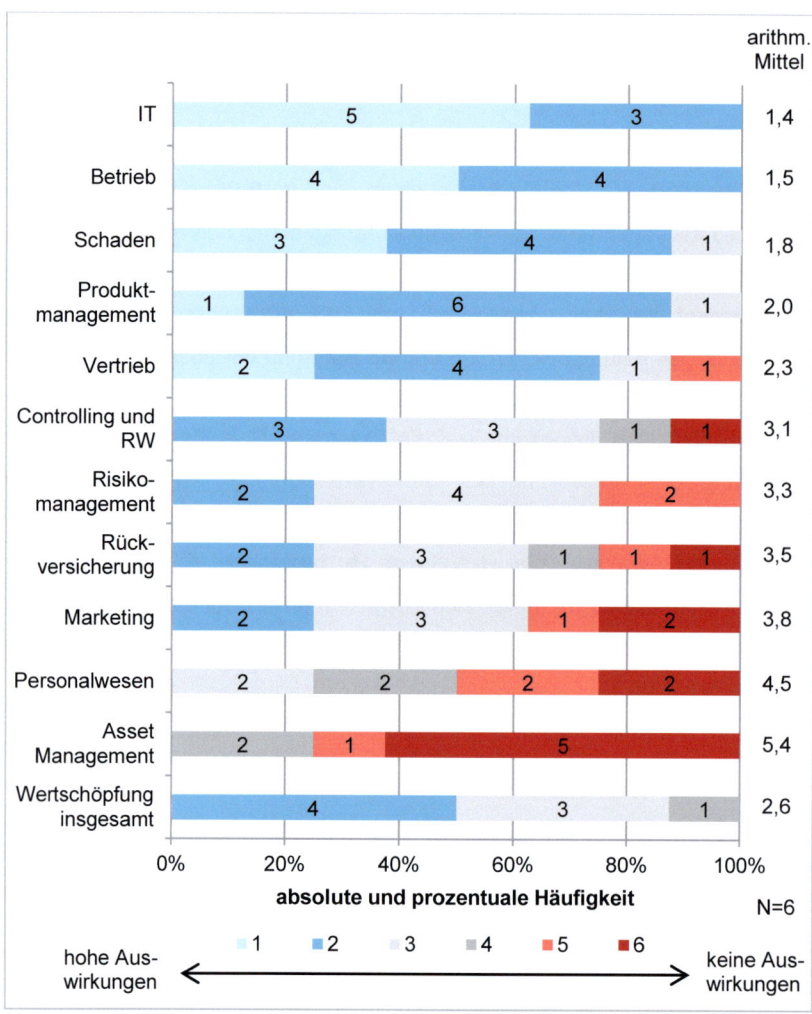

Abbildung 8: Auswirkungen von Komplexitätsreduzierungen auf die Wertschöpfungsaktivitäten im Versicherungsunternehmen[187]

---

[187] Eigene Darstellung auf Grundlage der Daten der Expertenbefragung.

Ergebnisse der empirischen Untersuchung 75

Nachdem theorie- und hypothesengeleitet wesentliche Erkenntnisse im Rahmen der Komplexitätsreduzierung erarbeitet werden konnten, soll nun auf Basis von Musterunternehmen die gewonnenen Ergebnisse und Erkenntnisse weiter mit den Experten verprobt werden.

6.9 Bewertung der Auswirkungen von Komplexitätsreduktionen in heterogenen Versicherungsbeständen anhand von Musterunternehmen

In Ergänzung zur Einstufung der Auswirkungen auf die Wertschöpfungsaktivitäten sollen nun weitere Erkenntnisse anhand von drei Musterunternehmen gewonnen werden. In einem ersten Schritt wurden hierzu die Musterunternehmen in eine Rangfolge, nach dem Grad ihrer Komplexität, durch die Experten gebracht. Die Rangfolge zeigt, dass alle Experten das im Interview vorgestellte Musterunternehmen VU1 als komplexestes der drei Unternehmen bewerten. Im Weiteren sehen sechs der acht Teilnehmer VU2 an zweiter und VU3 an dritter Stelle. Bei der Begründung für die Wahl der Rangfolge wurden zumeist mehrere Kriterien angegeben.[188] Demnach sind insbesondere die Zusammensetzung des Vertriebswegemix[189], die Anzahl an Produktgenerationen sowie die Breite der Produktpalette relevant für deren Beurteilung.[190]

Aus der Rangordnung der Musterunternehmen kann jedoch nicht abgeleitet werden, wie stark sich die Komplexität unterscheidet, weshalb mit den Experten eine Bewertung der Kostensenkungspotenziale bei Durchführung einer Komplexitätsreduzierung in den heterogenen Versicherungsbeständen

---

[188] Die Tabelle 10 im Anhang stellt die am häufigsten genannten Kriterien dar.
[189] Ein hoher Anteil an Ausschließlichkeitsvermittlern wurde zumeist positiv bewertet. Am komplexesten wurde der Absatz über alle Vertriebswege eingestuft.
[190] Dies bestätigt noch einmal die Relevanz der in Kapitel 4.2 identifizierten Einflussfaktoren.

durchgeführt wurde.[191] Für die Schätzung sind Antwortvorgaben von „keine Auswirkungen" bis Kostensenkung von „über 10 %" – bezogen auf die Verwaltungskosten – vorgegeben. In der Abbildung 9 wird gezeigt, dass das höchste Kostensenkungspotenzial für das Musterunternehmen VU1 erwartet wird. Insgesamt haben sechs der acht Experten dieses mit über 10 % angegeben. Vier dieser Experten schätzen für VU1 sogar eine Senkung der Verwaltungskosten um bis zu 20 % als durchaus realistisch ein. Insgesamt schwanken die Schätzungen für VU2 im Vergleich zu VU1 stark – von höchstens 1 % bis über 10 %.[192] Sowohl der Modus als auch der Median für VU2 liegt bei 5 % bis 6 %. Die Ergebnisse für das Musterunternehmen VU3 sind hingegen konsistenter. Hier sehen die Experten nur geringe Kostensenkungspotenziale in einer Spanne von 0 % bis maximal 4 %. Vier der Experten halten eine Senkung um 1 % bis 2 % als wahrscheinlich.

Aus den Ergebnissen kristallisiert sich heraus, dass das Unternehmen mit der am höchsten bewerteten Komplexität (VU1) im Mittel[193] über 10 % und somit die höchsten Kostensenkungspotenziale aufweist. Die Abbildung 9 zeigt, dass das Kostensenkungspotenzial für VU2 im Mittel höher eingeschätzt wurde als für VU3. Dies entspricht der zuvor von den meisten Experten aufgestellten Rangordnung der Musterunternehmen. Aufgrund der Bewertung für VU1 zeigt sich, dass die Komplexitätsreduzierung von heterogenen Versicherungsbeständen scheinbar einhergeht mit hohen Kostensenkungspotenzialen. Die Höhe dieser Kostensenkungspotenziale ist dabei wesentlich vom Komplexitätsgrad, der in den Versicherungsbeständen

---

[191] Die Schätzung ist unter der Annahme einer vollständigen Harmonisierung des Bestands auf ein bis zwei Bestandsgenerationen vorgenommen wurden.

[192] Die Betrachtung der Einzelschätzungen zeigt, dass der Experte, der die sehr niedrige Schätzung von maximal 1 % vorgenommen hat, insgesamt vergleichsweise niedrige bzw. vorsichtige Schätzungen vorgenommen hat, so z. B. hat dieser auch für VU1 im Vergleich zu den anderen Experten als einziger eine Schätzung unter 10 % vorgenommen.

[193] Der Mittelwert betrachtet hier den Modus und den Median. Das arithmetische Mittel kann aufgrund der Skaleneinteilung nicht berechnet werden.

vorherrscht, abhängig. Hypothese H7 kann damit folgerichtig im Ergebnis bestätigt werden.

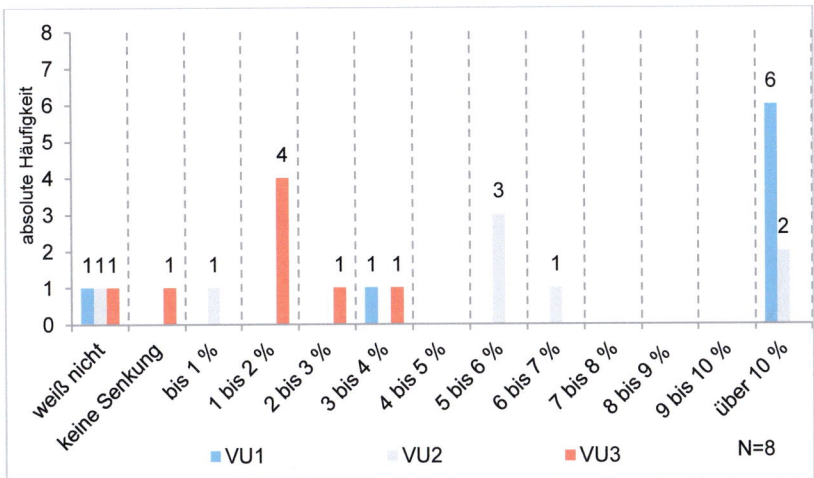

Abbildung 9: Kostensenkungspotenzial in Prozent der Verwaltungskosten[194]

Einen Gesamtzusammenhang im Hinblick auf die entstehende Kosten-Nutzen-Wirkung – unter der erweiterten Betrachtung entstehender Investitionskosten – konnte in den Interviews nicht direkt für die Musterunternehmen erhoben werden, dennoch haben vier der Experten für VU1 eine positive Wirkung prognostiziert. Die übrigen Experten hatten zu diesem Punkt keine dezidierte Meinung. Auch für das VU2 wurde ein voraussichtlich positiver Nutzen gesehen, wobei dieser dabei als deutlich geringer eingeschätzt wurde. Infolge der geringen Komplexität und Kostenquote im Musterunternehmen VU3 werden Initiativen zur weiteren Komplexitätsreduzierung von den Experten als nicht erfolgversprechend gesehen.

---

[194] Eigene Darstellung auf Grundlage der Daten der Expertenbefragung.

6.10 Amortisation

Im Folgenden gilt es, den Blickwinkel der Untersuchung um die Amortisation derartiger Initiative zu erweitern. Die Amortisation einer Investition bezeichnet den „Rückfluss der Investitionsbeträge unter dem Gesichtspunkt [...] der Wirtschaftlichkeitsrechnung".[195]

Die überwiegende Anzahl befragter Experten sehen die mittelfristige Amortisation, ein weiterer zumindest eine langfristige Amortisation der Investitionskosten zur Komplexitätsreduzierung als realistisch.[196] Dabei wird von einem der Experten angeführt, dass sich die Kosten direkt amortisieren könnten, wenn die Maßnahme im Verbund mit weiteren Projekten durchgeführt werden würde, da dann Skaleneffekte sinnvoll genutzt werden können. So kann davon ausgegangen werden, dass durch eine Komplexitätsreduzierung des Bestands auch die Migrationskosten in ein neues Bestandsführungssystem signifikant sinken. Die Experten gehen dabei von einem langfristig positiven Effekt auf die Komplexität und die damit verbundenen Kosten im Unternehmen aus, sofern das Komplexitätsmanagement nachhaltig verfolgt wird. Dies schließt Adjustierungen, Strategien zur nachhaltigen Komplexitätsvermeidung und -beherrschung sowie das Einleiten weiterführender Maßnahmen, wie bspw. Prozessoptimierungen auf Basis der verringerten Komplexität, ein.

In Verbindung mit den obigen Ausführungen, die belegen, dass ein positiver Effekt aus der Wertschöpfung durch eine Komplexitätsreduzierung heterogener Versicherungsbestände resultiert, kann somit auch die Hypothese H_9 verifiziert werden: Mit einer konsequenten Komplexitätsreduzierung kann mindestens mittelfristig ein positiver Effekt auf die Wertschöpfung erzielt werden.

---

[195] Brich, S.; Hasenbalg, C.; Winter, E. (Hrsg.) (2014, Wirtschaftslexikon), S. 111.

[196] Mittelfristig definiert in der Unternehmensplanung den Zeitraum zwischen einem und fünf Jahren, langfristig hingegen von über fünf Jahren. Siehe Brich, S.; Hasenbalg, C.; Winter, E. (Hrsg.) (2014, Wirtschaftslexikon), S. 3264.

6.11 Umsetzung von Komplexitätsreduktionen in den Unternehmen

Neben den wesentlichen Fragestellungen hinsichtlich der Amortisation und der damit verbundenen Wirtschaftlichkeit derartiger Vorhaben gilt es, dem Vorgehen weiter folgend zu prüfen, wie realistisch die Experten die Umsetzung erachten.

Vier der sechs Unternehmen, die im Rahmen dieser Untersuchung befragt wurden, betrachten eine Komplexitätsreduzierung in ihrem Hause als durchführbar (vgl. Abbildung 10). Darüber hinaus erwarten die Experten einen positiven Einfluss auf die unternehmenseigene Wertschöpfung (arithmetischer Mittelwert von 1,6 und Median von 1,0).

Ausnahme ist die Einschätzung eines Experten, dieser gab an, dass im eigenen Unternehmen eine verhältnismäßig geringe Komplexität in den Versicherungsbeständen vorherrscht. Er hält die Durchführung einer komplexitätsreduzierenden Maßnahme deshalb für wenig wahrscheinlich für sein Unternehmen.

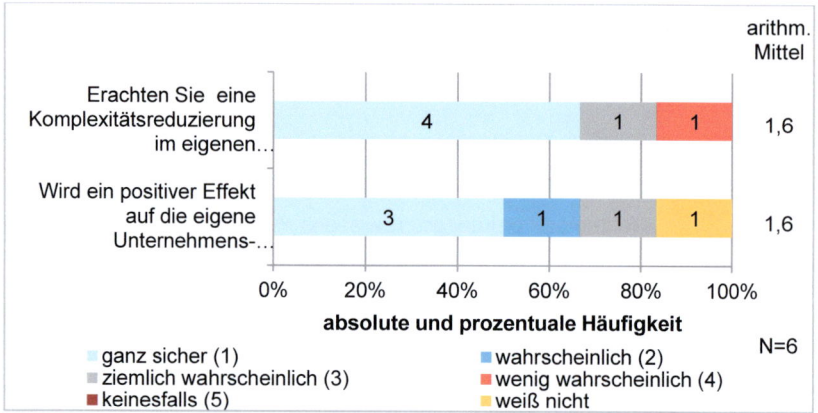

Abbildung 10: Bewertung von Komplexitätsreduzierungen in Bezug auf das eigene Unternehmen der Experten[197]

Trotz dieser positiven Einschätzung wurde in der jüngsten Vergangenheit nur von zwei der sechs befragten Unternehmen, eine komplexitätsreduzierende Maßnahme durchgeführt.[198] Dieses Ergebnis unterstützt im Weiteren auch die Erkenntnisse von Crossconsulting und zeigt, dass im Hinblick auf die Harmonisierung der Bedingungsgenerationen noch ein hohes Potenzial im Markt vorhanden ist.[199]

---

[197] Eigene Darstellung auf Grundlage der Daten der Expertenbefragung.

[198] In einem der Unternehmen wird für diese ein durchgehend positives Fazit gezogen. Das zweite Unternehmen steht erst am Anfang der Umsetzung, sodass noch keine valide Aussage zur endgültigen Kosten-Nutzen-Wirkung getroffen werden kann. Jedoch wird in jedem Fall mit der Maßnahme eine starke Reduzierung der alten Produktversionen (über alle alten/nicht verkaufsoffenen Bedingungsgenerationen) von 169 auf 20 Migrationsprodukte nur in der Hausratversicherung erzielt.

[199] Vgl. Esser, M.; Horst, J.; et al. (2014, Komplexität), S. 39.

7 Schlussbetrachtung

7.1 Fazit

Nicht nur Industrieunternehmen stehen vor der ständigen Herausforderung, die Komplexität in der Produktlandschaft ihres Unternehmens zu bewältigen. Auch Versicherungsunternehmen müssen sich der Aufgabe stellen, die zunehmende Komplexität ihrer Bestände und die daraus resultierenden Implikationen deutlich zu reduzieren. Deregulierung und Wettbewerbsintensivierung haben dazu geführt, dass sich die Versicherer zunehmend über ihre Produkte und Tarife differenzieren. Im Gegensatz zur Automobil- oder IT-Branche unterliegen Versicherungen aber speziellen Charakteristika, die eine vergleichsweise einfache Lösung zur Reduzierung der daraus erwachsenden Komplexität nicht zulassen. Eine umfassende wissenschaftliche Auseinandersetzung mit dem Komplexitätsphänomen heterogener Versicherungsbestände liegt trotz des hohen Stellenwerts nicht vor. Mit dieser Untersuchung sollte sowohl in konzeptioneller als auch empirischer Hinsicht ein Beitrag zur komplexitätsbezogenen Forschung erbracht werden.

Dabei besteht der konzeptionelle Beitrag dieser Untersuchung in der Erarbeitung eines umfassenden Bezugsrahmens zur Komplexität heterogener Versicherungsbestände sowie deren Auswirkungen im Versicherungsunternehmen. Es konnte gezeigt werden, dass dabei die Komplexität in den Versicherungsbeständen infolge der Vielzahl an heterogenen Versicherungsbedingungen (1. Dimension) und Produktvarianten (2. Dimension) entsteht. Die Heterogenität und Vielzahl der Produkte wird dabei von diversen endogenen und exogenen Einflussfaktoren getrieben. Mit der empirischen Untersuchung konnte gezeigt werden, dass die in Kapitel 3.2 als Hypothesen abgeleiteten Einflussfaktoren die wichtigsten und relevanten Treiber der Komplexität heterogener Versicherungsbestände darstellen (F$_1$).[200] Im Rahmen der Expertenbefragung wurden die theoretisch abgeleiteten Hypothesen zur Auswirkung der Komplexität geprüft und, da wo möglich, verifiziert und um weitere empirische Erkenntnisse ergänzt. Neben den angeführten Mehraufwänden in den primären Wertschöpfungsaktivitäten wie Schaden- und Produktmanagement sowie Vertrieb zeigen sich die Kosten insbesondere in der betrieblichen Bearbeitung sowie in der IT. Als wesentliche Ursachen hierfür konnten die mit der Komplexität einhergehende verminderte Bearbeitungsgeschwindigkeit und Ressourcenbindung in den Bereichen sowie die erhöhte Fehleranfälligkeit in der Vorgangsbearbeitung identifiziert werden. In der IT stellen vornehmlich die durch die Komplexität induzierten zusätzlichen Programmier-, Test- und Prüfaufwände für die Anpassungen der Produkte und Rahmenparameter sowie die höheren Aufwände bei der Einführung neuer Systeme im Zuge der Industrialisierung ein Problem dar. Insgesamt zeigen sich die Auswirkungen der Komplexität heterogener Versicherungsbestände damit in den häufig nicht geplanten zusätzlichen Kosten der Leistungserstellung in einzelnen Wertschöpfungsaktivitäten des Unternehmens (F$_2$).

Da sich, wie bereits mehrfach angeklungen, die betriebswirtschaftliche Relevanz der Untersuchung hinsichtlich der Erfolgspotenziale einer Komplexitätsreduzierung zeigt, erfolgte zudem eine versicherungsspezifische Ableitung möglicher Ansätze zur Komplexitätsreduzierung und deren Nutzen. Von den vier aufgezeigten Ansätzen zur methodischen Umsetzung wurde lediglich die von den Experten als „sanfte", vertrieblich initiierte Umstellung als „ziemlich vorteilhaft" eingestuft. Diese kann jedoch nur einen Teil der Maßnahme darstellen, da nach Einschätzung der Experten mit Hilfe des Vertriebes nur ein Teil des Bestands auf die aktuellen Bedingungen umzustellen ist. Infolgedessen, sind weitere Alternativen, insbesondere eine Unterstützung der vertrieblichen Umstellung durch eine anschließende

---

[200] Die Kennzeichnung dient der Zuordnung zur einführend gestellten Forschungsfrage.

Schlussbetrachtung

Änderungskündigung, genannt worden. Die empirische Untersuchung hat gezeigt, dass es eine generelle Best Practice Lösung, die für alle Versicherer anzuwenden ist, aktuell nicht existiert. Bei der Entscheidung zum Vorgehen der Komplexitätsreduzierung müssen dabei letztlich immer die Rahmenbedingungen des jeweiligen Unternehmens individuell betrachtet werden (F3).

Obwohl eine quantitative Erhebung der Kosten-Nutzen-Wirkung für die Maßnahmen aufgrund der Vielzahl an zu berücksichtigenden Rahmenbedingungen nicht möglich war, sind die Experten davon überzeugt, dass sich eine Komplexitätsreduzierung von heterogenen Versicherungsbeständen mittelfristig amortisiert und somit einen positiven Effekt auf die Wertschöpfung ausübt. Sofern das Komplexitätsmanagement nachhaltig betrieben wird, kann von einem langfristig positiven Effekt einer komplexitätsreduzierenden Maßnahme ausgegangen werden (F4). Insbesondere zum Problem des nachhaltigen Komplexitätsmanagements konnte herausgearbeitet werden, dass sowohl die Implementierung von Innovations- bzw. Produktupgrade-Klauseln als auch eine Standardisierung der Produktpalette langfristig zum Erfolg führen. Dabei gilt es, jeden Kundenkontakt zu nutzen, um eine Aktualisierung alter Bedingungen durchzuführen. Für Mehrspartenversicherer gilt es insbesondere, Maßnahmen hinsichtlich des Aufbaus von modularen Produktstrukturen in Betracht zu ziehen, um damit eine anhaltende Komplexitätsreduzierung in der diskutierten 2. Dimension herbeizuführen. Wesentlich dabei ist, die gewählte Produktstrategie nachhaltig einzuhalten, da mit jeder Veränderung möglicherweise wieder zusätzliche Komplexität im Bestand aufgebaut wird.

Infolge des Mangels an geeigneten Methoden zur Bewertung und Messung der Komplexität und ihrer Wirkung wurde die Untersuchung dieser zusätzlich anhand von Musterunternehmen durchgeführt. Auf Grundlage der Bewertung konnte gezeigt werden, dass für das Musterunternehmen VU1 mit der höchsten Komplexität durchschnittlich eine Senkung der Verwaltungskostenquote von über 10 % als möglich erscheint. Im Gegensatz dazu, wurde für das Musterunternehmen mit der am niedrigsten (bewerteten) Komplexität (VU3), folgerichtig hinsichtlich möglicher Kosteneinsparungen als sehr gering eingeschätzt. Es ist somit davon auszugehen, dass ausschließlich durch die eintretenden Nutzenpotenziale eine derartige Maßnahme zu rechtfertigen wäre. Anhand der Ergebnisse konnte gezeigt werden, dass die Komplexitätsreduzierung regelmäßig mit einer direkten Kostensenkung einhergeht. Je stärker die negative Komplexität im Bestand ausgeprägt ist, desto höher sind die Kostensenkungspotenziale. Dabei hängt die Komplexität nicht nur von der Anzahl der Bedingungsgenerationen, sondern auch von den weiteren unternehmensindividuellen Geschäftsmodellen, wie beispielsweise der Breite der Produktpalette, dem Vertriebswegemix und der Produktarchitektur ab. Es ist darauf zu achten, dass mit einer Komplexitätsreduzierung die optimale Komplexität für das jeweilige Geschäftsmodell und nicht die minimale Komplexität avisiert wird. So ist diese für einen breit aufgestellten und beratungsorientierten Mehrspartenversicherer im Hinblick auf das Geschäftsmodell typischerweise höher als für einen Direktversicherer mit flachem Produktsortiment (F5).

Mit der konzeptionellen und empirischen Untersuchung konnte gezeigt werden, dass die Komplexität heterogener Versicherungsbestände zusätzliche Kosten verursacht, die es zur Steigerung der Unternehmenswertschöpfung zu reduzieren gilt. Dabei steht die Umsetzung in den Kompositversicherungsunternehmen aber noch am Anfang – nur ein geringer Anteil der befragten Versicherungsunternehmen hat bereits Maßnahmen zur systematischen Reduzierung der Komplexität ihrer heterogenen Bestände eingeleitet. Die erfolgten Maßnahmen sind jedoch – wie auch bei zwei der Praxisunternehmen der empirischen Befragung – oftmals nicht ausschließlich komplexitätsinduziert geleitet, sondern infolge von Kostensenkungspotenzialen

Schlussbetrachtung

bei der Umsetzung von Industrialisierungsmaßnahmen durch die IT getrieben. Damit zeigt sich, dass die Potenziale im Markt noch nicht ausreichend erkannt wurden und diese Thematik, anders als in anderen Branchen, noch nicht aktiv angegangen wurde. Dies gilt es, insbesondere vor dem Hintergrund des zunehmenden Wettbewerbs in der Kompositversicherung, zukünftig zu ändern und diese Möglichkeiten zur Verbesserung der Kostenposition aktiv zu nutzen.

7.2 Weiterer Forschungsbedarf

Zunächst kann festgestellt werden, dass die gewählte methodologische Vorgehensweise im Rahmen der Untersuchung erfolgreich war. Die gewonnenen Erkenntnisse der Expertenbefragung ermöglichten die Überprüfung der im Vorfeld formulierten Hypothesen und lieferten ergänzende Informationen hinsichtlich der Beantwortung der Forschungsfragen. Die dargestellten Implikationen zeigen, dass bezüglich der Umsetzung geeigneter Maßnahmen und der Bewertung der Erfolgspotenziale nach wie vor eine Vielzahl an offenen Fragen bestehen. So musste beispielsweise die Untersuchung hinsichtlich der wirtschaftlichen Bewertungen anhand von Musterunternehmen durchgeführt werden. Da aber ein Modell nur ein vereinfachtes Abbild der Wirklichkeit darstellt, muss für eine detailliertere monetäre Bewertung der Kosten-Nutzen-Wirkung zukünftig primär auf sensible Unternehmensdaten zurückgegriffen werden. Im Rahmen der weiteren Forschung ist die Untersuchung der monetären Parameter deshalb anhand realer Unternehmen zu empfehlen. Des Weiteren wurde mit der methodischen Wahl der empirischen Untersuchung ein wichtiger Schritt zur Verifizierung unternommen. Grundsätzlich konnten die Hypothesen aufgrund der Konsistenz mit der Empirie bestätigt werden. Im Sinne des Wissenschaftlichen Rationalismus erfolgt eine Bestätigung in der Regel nie mit endgültiger Sicherheit, kann aber mittels der Durchführung weiterer empirischer Überprüfungen schrittweise angenähert werden. Es empfiehlt sich folglich die Gültigkeit der Ergebnisse dieser Arbeit mittels einer breit angelegten Längsschnittuntersuchung weiter zu festigen.[201] Des Weiteren gilt es, weitere Erkenntnisse aus der Automobilbranche im Sinne der pragmatischen Übertragbarkeit von Produktstrategien auf die Versicherungsbranche zu sammeln.

Zusammenfassend lässt die weitere Forschung zur Beantwortung der Fragestellungen auch zukünftig wichtige Erkenntnisse über die Komplexität heterogener Versicherungsbestände erwarten.

---

[201] Vgl. Töpfer, A. (2012, Forschen), S. 129 ff. Diese kann im Gegensatz zur vorliegenden Untersuchung auch schriftlich erfolgen, da keine explorativen Fragen notwendig sind.

8 Fallstudie: Produktkomplexität in der Automobilindustrie

8.1 Komplexitätsmanagement als Herausforderung in der Automobilindustrie

Komplexitätsmanagement kommt in der Automobilindustrie eine besondere Bedeutung zu. Durch eine hohe Komplexität in den Produkten entstehen in der Fertigung von Automobilen hohe Ineffizienzen entlang der gesamten Wertschöpfungskette, die naturgegebenermaßen in signifikanten Mehrkosten münden. Da die Komplexität im Wesentlichen durch die Produkte getrieben wird, führt eine Verringerung der Produktvarianz zu besonders hohen Potenzialen in der Komplexitätsreduzierung.

Nachfolgend sollen zunächst einige grundsätzliche Möglichkeiten im Rahmen des effizienten Komplexitätsmanagements vorgestellt werden:

1. Reduktion der Freiheitsgrade des Systemverhaltens durch das Einführen von Notwendigkeit und Unmöglichkeit als begrenzende Größen[202]
2. Strukturierung der Komplexität durch ganzheitliche Ordnungsrahmen und dadurch Verbesserung des kognitiven Verständnisses[203]

---

[202] Vgl. Baecker, D. (1998, Komplexität), S. 30; Grossmann, C. (1992, Komplexitätsbewältigung), S. 45; Neubauer, W. (2005, Mitarbeiter-Management-Informations-Systems), S. 34 ff.
[203] Vgl. Friedli, T. (2005, Technologiemanagement), S. 20.

3. Reduzierung der Vernetzung der Systemelemente durch Entkoppelung[204]

4. Einschränkung von Überraschungsmöglichkeiten durch Aufzeigen von Komplexitätstreibern[205]

5. Beschränkung der Betrachtung auf die für die jeweilige Fragestellung notwendigen, kennzeichnenden Systemgrößen durch eine abstrahierende Problembeschreibung[206]

Grundsätzlich bieten die dargestellten Möglichkeiten erste Ansätze, um die Komplexität bei der Fertigung von Automobilen zu reduzieren. Die Komplexität in den Unternehmen lässt sich jedoch nicht vollständig lösen, sondern man versucht, im Rahmen von partiellen Reduzierungen in den Produkten, signifikante Optimierungen in den Wertschöpfungsketten herbeizuführen. Ein wesentlicher Ansatzpunkt des Komplexitätsmanagements ist dabei der Umgang mit nicht weiter reduzierbarer Komplexität. Für die erfolgreiche Beherrschung von Komplexität hat dabei vor allen Dingen die Systemtheorie und Kybernetik Ansätze geliefert.

Aus diesen Überlegungen ergeben sich damit die folgenden Aktivitätsfelder des Komplexitätsmanagements:

- Systematische Reduzierung der Komplexität durch die Gestaltung der Produktstrukturen. Ziel dabei ist, das Unternehmen durch die geringere Komplexität zu entlasten und die Effizienz zu erhöhen.

- Bewusste Erhöhung der Komplexität durch eine höhere Variationsbreite des Verhaltens und breitere Produktprogramme, um

---

[204] Vgl. Ulrich/Tung (1991, Product Modularity), S. 73.
[205] Vgl. Gross, P. (1998, Komplexität), S. 348.
[206] Vgl. Gross, P. (1998, Komplexität), S. 349.

Fallstudie: Produktkomplexität in der Automobilindustrie 89

die von der Umwelt geforderte Varietät im Unternehmen zu schaffen.[207]

- Beherrschung der verbleibenden Komplexität durch Ansätze der Systemtheorie und Kybernetik.

Übertragen auf ein Unternehmen der Automobilindustrie umfasst Komplexitätsmanagement, die erforderliche Vielfalt der Produkte im Wettbewerb vorzuhalten und gleichzeitig niedrige Kosten durch Skalen- und Verbundeffekte zu realisieren. Dafür gilt es, die optimale externe Leistungsvielfalt festzulegen und mit möglichst geringer interner Struktur die Komplexität zu realisieren. Das Komplexitätsmanagement der Automobilindustrie setzt dabei schon früh in der Forschung und Entwicklung ein, weil hier die Produktstruktur festgelegt und damit die Produktkomplexität determiniert wird.

Im Weiteren sollen die Möglichkeiten der Komplexitätsreduzierung am Beispiel der Baukastenstrategie in der Automobilindustrie gezeigt werden.

8.2 Komplexitätsreduktion in der Automobilindustrie am Beispiel Baukastenstrategie[208]

Das Automobil ist ein technologisch komplexes Massenprodukt. Es erfordert daher sowohl effiziente Serienprozesse, um im Wettbewerb zu bestehen, als auch effektive Innovations- und Produktentwicklungsprozesse, um zukünftige Anforderungen zu erfüllen. Die Kombination der Bauteile zu Modulen oder

---

[207] Vgl. Bleicher, K. (1994, Integriertes Management), S. 33 ff.

[208] Abschnitt basiert im Wesentlichen auf dem Artikel von Schneider; R., Rieck, K. (2012, Komplexität), S. 863-873.

Systemen stellt dabei sehr hohe Anforderungen an die Informationsverarbeitung und -verteilung dar.

Um neue Kundensegmente zu erschließen, ist ähnlich wie in der Versicherungswirtschaft, eine stärkere Diversifikation des Produktportfolios notwendig.[209] Diese Potenziale sind jedoch häufig nur mit derselben Technologie zu heben. Folglich entsteht eine Zielkonkurrenz zwischen Wachstum und Standardisierung.

Der steigende Kostendruck zwingt allerdings alle Automobilhersteller, anders als aktuell in der Assekuranz, eine Lösung des Zielkonflikts über intelligente Lösungen herbeizuführen, die gleichzeitig eine Differenzierung des Angebotes zulassen, während sie einen sehr hohen Anteil an Gleichteilen verwenden.[210] Eine übergreifende Kostensenkung innerhalb aller beteiligten Funktionen von der Entwicklung bis zum Vertrieb ist folglich nur durch die zielgerichtete Koordination der Arbeit über eine Vielzahl unterschiedlicher Produktentwicklungsprojekte erreichbar.[211]

Die damit entstehenden Abstimm-, Informationsbeschaffungs- und Informationsverteilungskosten lassen sich heute in der Regel auch in der Automobilindustrie nicht genau quantifizieren, da hierfür eine Prozesskostenrechnung notwendig wäre. Expertenschätzungen gehen dabei aber bei den betroffenen Bauteil- oder Projektverantwortlichen von bis zu 80 % ihrer regulären Arbeitszeit aus. Dies hat einen erheblichen Anstieg der verursachten indirekten Kosten zur Folge.

---

[209] Vgl. Chao, R.; Kavadias, S. (2008, New Product Development), S.907-921; Murray-Webster, R.; Pellegrinelli S. (2010, Risk management, S.16-25.
[210] Vgl. Fisher, M.; Ramdas, K.; Ulrich, K. (1999, Component Sharing), S.297-315.
[211] Vgl. Beaume, R.; R. Maniak,; C. Midler. (2009, Crossing innovation), S.166-174.; Jahn, T.: (2009, Portfolio- und Reifegradmanagement), S. 98 ff.; Karim, S. (2006, Modularity), S.799-823.

In der sogenannten modulorientierten Matrixentwicklung wird dabei jede Produktentwicklung von seinen Schwesterprodukten beeinflusst. Die Komplexität jeder Einzelentscheidung ist hoch, die Komplexität in der Organisation wird maximal.

Ein Fahrzeugentwicklungsprojekt bildet somit ein abgeschlossenes System, das innerhalb seiner Systemgrenzen ohne externe Restriktionen optimiert werden kann.[212] Mit der Forderung nach einer abgestimmten Lösung für mehrere Fahrzeugprojekte wird dieses System aufgebrochen. Vordergründig steigt durch die Anzahl der betrachteten Bauteile und ihrer Eigenschaften die Komplexität des Gesamtsystems. Zusätzlich bringen die Dynamik der Anforderungen an ein weltweit verkaufbares Produkt und die unterschiedlichen Wünsche in den verschiedenen Märkten eine neue Dimension der Komplexität ins Spiel.

In der real existierenden, vernetzten Produktentwicklung wird jedes Produkt innerhalb einer Matrixorganisation entwickelt. Innerhalb der Matrix besteht ein kostengetriebener Optimierungs- und Abstimmungsbedarf. Dies führt zu Lösungen, die viele Anforderungen gleichzeitig abdecken und mit wenigen Bauteilvarianten eine Vielzahl von Produkten ermöglichen.

Die Komplexität ist eine Funktion der Variantenvielfalt und steigt exponentiell mit der Anzahl der Produkte. Im Gegensatz dazu wird eine geringe Variantenvielfalt mit hohem Abstimmungsaufwand innerhalb der Matrix erwirkt.

---

[212] Vgl. Krishnan, V.; Zhu, W. (2006, Development-Intensive Products), S.813-825; Petit, Y.; Hobbs, B. (2010, Project portfolios), S.46- 58.

8.3 Rahmenbedingungen der Produktarchitektur

Den jeweiligen Koordinationsaufgaben, die sich durch die unterschiedlichen Produktentwicklungen ergeben, begegnet der Automobilhersteller mit den geeigneten Organisationsformen. Die grundlegende Produktarchitektur ist dabei ein wichtiger Treiber bei der Auswahl einer geeigneten Organisationsform in Produktentwicklungsprojekten.[213]

Die Modularisierung des Produktes stellt also einen Lösungsansatz zur Verknüpfung der unterschiedlichen Geschäftsbereichsstrategien, von der Entwicklung bis zur Produktion zur Erreichung ihrer jeweiligen Mission, dar. Die folgende Abbildung zeigt eine zeitliche Abfolge der unterschiedlichen Produktarchitektur-Konzepte, die die Automobilindustrie durchlaufen hat.[214]

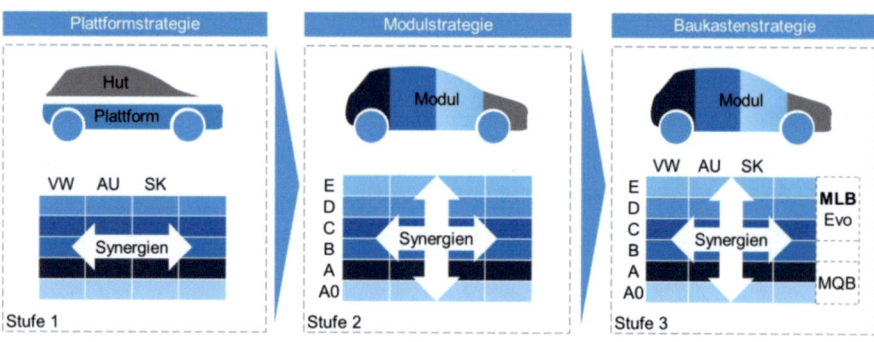

Abbildung 11: Stufenweise Entwicklung von Produktarchitekturen[215]

---

[213] Vgl. Sosa, M.; Eppinger S.; Rowles C. (2004, Misalignment), S.1674-1689.
[214] Vgl. Fisher, M.; Ramdas, K.; Ulrich, K. (1999, Component Sharing), S.297-315.; Fisher, M.; Ittner, C. (1999, Product Variety), S. 771-786; Williams, A. (2006, Product-service systems), S.172-184.
[215] In Anlehnung an Schneider; R., Rieck, K. (2012, Komplexität), S. 866.

Fallstudie: Produktkomplexität in der Automobilindustrie 93

In der Stufe 1 wird der Schwerpunkt auf die Erzielung von Skaleneffekten durch den breiten Einsatz von Gleichteilen in sehr unterschiedlichen Fahrzeugen gelegt. Diese sogenannte Plattformstrategie verwendet im Wesentlichen die nicht sichtbaren Produktumfänge parallel in Fahrzeugen ähnlicher Grundarchitektur.[216]

Weiterhin wird durch den Einsatz von Modulen über unterschiedliche Fahrzeugsegmente der Gleichteileinsatz noch weiter erhöht. Synergien werden somit nicht nur horizontal zwischen Produkten vergleichbarer Grundarchitektur, sondern auch vertikal über unterschiedliche Grundarchitekturen hinweg in der Stufe 2 erreicht.

In der Stufe 3 erfolgt eine Integration von Baukastenstrategie und Gleichteilestrategie einzelner Plattformen im Rahmen sichtbarer Module.[217] Gleichzeitig wird aber den bestehenden Plattformen für unterschiedliche Fahrzeugklassen, zum Beispiel 5er BMW, eine gemeinsame Basis von Modulen zugrunde gelegt, die übergreifend in den bisher unterschiedlichen Grundarchitekturen der unterschiedlichen Plattformen eingesetzt werden kann.

Dieser Baukasten mit unterschiedlichen Varianten und Ausprägungen verschiedener Bauteile und Module steht den einzelnen Fahrzeugprojekten, wie in einem Supermarkt klassifiziert und geordnet, zur Auswahl und Bestellung zur Verfügung. Der Inhalt orientiert sich damit an den unterschiedlichen Anforderungen der Kunden. Gleichzeitig dient dieses breite Angebot der Flexibilisierung des Produktangebotes des Herstellers: Aus bestehenden Umfängen, die innerhalb einer vorgegebenen Grundarchitektur kompatibel

---

[216] Vgl. Krishnan, V.; Gupta, S. (2009, Platform-Based Product), S.52-68; Tatikonda, M. (1999, product development projects), S.72-88.
[217] Vgl. Erixon, G.; Kenger, P. (2006, Modular Products); Eggen, O. (2003, Modular product development), S. 6 ff.

sind, können vergleichsweise einfach neue Fahrzeugderivate, wie zum Beispiel die „M-Baureihe" des 5er BMW`s, entwickelt werden. Trotzdem ist der Baukasten aber angehalten, einen größtmöglichen Gleichteileinsatz herzustellen und damit maximale Synergien über alle Projekte zu generieren.

8.4 Komplexität im Baukasten

Die Produktarchitektur im Automobilbau zeigt vielfältige Einflüsse auf die Organisation eines Unternehmens, auf seine Prozess- und Systemlandschaft. Viele Automobilbauer orientieren ihre Prozesse im Wesentlichen an den Rahmenbedingungen des Produktes. Die Organisation folgt dabei der Produktstrategie, d.h. es wird im Wesentlichen im Rahmen flexibler Projektorganisationen umgesetzt. Dabei haben die unterschiedlichen Stufen, von der Einzelproduktentwicklung über die Plattformsystematik hin zur modularisierten Plattform, immer eine entsprechende Änderung der Projektorganisation nach sich gezogen.[218]

Die Baukastenstrategie stellt nun eine besondere Herausforderung an die Projektorganisation dar, da es eine Vielzahl von Stakeholdern und Entscheidungsträgern bei einem Fahrzeugprojekt einzubinden gilt. Die Komplexität des gesamten Systems ist demnach nicht auf die Kompliziertheit eines vielteiligen Systems zurückzuführen, sondern auf die Vielzahl und Unterschiedlichkeit der Verbindungen zwischen diesen Systembestandteilen.[219] Durch die gemeinsame Nutzung von Modulen werden die Projekte zur Interaktion gezwungen. Diese Informations- und Kommunikationsströme werden nicht mehr, wie bisher, durch bilaterale Absprachen bewältigt; eine Kombination von Absprachen und vertraglich festgeschriebenen Regeln und Schnittstellen ist erforderlich. Mit der Reduzierung von bilateralen Absprachen

---

[218] Hötker, G. (2006, modular products), S.501-518; Karim, S. (2006, Modularity), S.799-823.
[219] Anderson, P. (1999, Complexity Theory), S.216-232; Dooley, K.; Van de Ven, A. (1999, Complex Organizational Dynamics), S.358-372; Stacey, R. (2007, challenge of complexity), S. 206 ff.

wird ein „information overkill" der beteiligten Mitarbeiter verhindert und eine verlässliche Arbeitsgrundlage hergestellt.

Grundsätzlich gelten folgende Zusammenhänge zwischen Komplexität und Variantenvielfalt innerhalb eines Baukastens mit einer feststehenden Anzahl von Projekten. Die Komplexität wird annäherungsweise durch den Abstimmungsaufwand innerhalb einer Projektorganisation beschrieben:

1. Je geringer die Variantenvielfalt, desto höher der Abstimmungsaufwand.
2. Je höher die Variantenvielfalt, desto höher sind die Logistik-, Werkzeug-, Erprobungs- und Vertriebskosten.

Eine Reduzierung der Komplexität lässt sich also im ersten Ansatz nur durch eine Erhöhung der Variantenvielfalt mit den entsprechenden Kosten erreichen. Eine Reduzierung der Variantenvielfalt zieht notwendigerweise eine Erhöhung der Komplexität nach sich. Die Bewertung der resultierenden Kosten ist aufgrund der unklaren Zuordenbarkeit indirekter Kosten allgemein – und insbesondere von Abstimmungskosten – sehr aufwendig. Hier ist es zukünftig notwendig, im Rahmen einer detaillierten Prozesskostenrechnung, zu verursachungsgerechten Kostenumlagen zu gelangen. Aktuell durchgeführte Kosten-Nutzen-Betrachtungen sind häufig nicht befriedigend und führen auch im Automobilbau zu Entscheidungen unter Unsicherheit.

Die Einführung einer modularen Produktarchitektur und der oben beschriebenen Baukastenstrategie bieten die Chance, den Trade-Off zwischen Variantenvielfalt und Abstimmaufwand zu reduzieren und damit Kosten zu senken.

Ziel ist es zukünftig, den Abstimmungsaufwand, der durch die Reduzierung der Bauteil- und Modulvarianten durch Einführung eines Baukastens entsteht über Regeln und Systeme zu reduzieren.

Die Baukastenstrategie führt daher zu einer Ausweitung des Angebotes an Modul- und Bauteilvarianten ohne Grenzkosten. Gleichzeitig lässt sich der Abstimmaufwand durch die Einführung von Baukasten-Regeln und Schnittstellendefinitionen signifikant senken.

9 Zusammenfassung

Die Untersuchung hat gezeigt, dass der Faktor Komplexität in deutschen Versicherungsunternehmen durch verschiedene Einflussgrößen determiniert ist.

Neben der Deregulierung des Marktes, deren Folge ein massiv verschärfter Wettbewerb hinsichtlich Tarifen und Produkten ist, treiben als exogene Faktoren der technische Fortschritt sowie die wachsenden Anforderungen der Vertriebsstrukturen die Versicherungsunternehmen in eine negative Komplexitätsentwicklung.

Weiterhin unterstützen endogene Faktoren, wie Produktinnovationszyklen, Vertriebswegemix, Produktstrategien und nicht unerheblich die bestehenden Geschäftsmodelle diese Entwicklung.

Konzentriert auf die Gewinnung zusätzlicher Marktanteile sowie die Stärkung der Wettbewerbsposition auf Basis einer hochdifferenzierten Produktpalette nehmen Versicherungsunternehmen Komplexität und deren Konsequenzen billigend in Kauf. Primär treten diese als ungeplante Kosten prozess- und funktionsübergreifend auf, welche sich nur mittels einer explizit formulierten Prozesskostenberechnung beziffern und zuordnen lassen. Ein Nachweis der ursächlichen Zugehörigkeit dieser Kosten zur Komplexitätsentwicklung und damit zur Verschlechterung der Wertschöpfung erfordert die Konzentration auf den Aspekt „Kosten von Komplexität" – ein Aspekt, der in der analytischen Diskussion bisher nur untergeordnet behandelt wird.

Der Versicherungsmarkt ist durch den starken Einfluss regulatorischer Auflagen, insbesondere durch eine operative und kalkulatorische Gestaltung der Produkte, charakterisiert. Wesentliche Größen sind hierbei das Kundeninteresse und die Unternehmensabsicherung. Einerseits schützen die regulatorischen Auflagen das Kundeninteresse, gleichzeitig schränken sie Entscheidungsräume ein, die in der Folge kundenseitig zu Vertrauensverlusten und erhöhten Stornoraten führen.

Die identifizierten Möglichkeiten zur Komplexitätsreduzierung, die „sanft initiierte" Anpassung der Bedingungswerke, die Konzentration der Vertriebswege, die Reduzierung von zum Beispiel IT-Aufwänden sowie eine der Kundennachfrage angemessene Reduzierung der Produktvarianten, erfordern ein hohes Maß an Konzentration und Nachhaltigkeit. Nur so lässt sich die mittelfristige Amortisation dieser Aufwände gewährleisten.

Ein – wie oft umgesetzter - auf Kostenreduzierung ausgerichteter Maßnahmenkatalog hinsichtlich Bestands-, Prozess-, Betriebs- und Ressourcenoptimierung greift für die Versicherungsunternehmen zu kurz.
Eine auf das Geschäftsmodell abgestimmte, dem Aspekt Komplexitätsreduzierung folgende Produktstrategie ist essentiell erforderlich; es gilt das optimale Maß wettbewerbsfähiger Komplexität zu identifizieren und diese nachhaltig zu implementieren.

Ein Vergleich mit der Automobilindustrie liefert interessante Ansätze. Es zeigt sich, dass der Faktor Komplexität sowie das Management von Komplexität sehr stark die operative Gestaltung von Produkten und Geschäftsmodellen prägt.
Ähnlich wie in der Versicherungsbranche treiben im Wesentlichen die Produkte die Komplexität und damit einhergehend die Ineffizienzen entlang der Wertschöpfungsketten. In hohem Maß abhängig von effizienten Serienprozessen und effektiven Innovations- und Produktentwicklungsprozessen ist auch in der Automobilbranche eine starke – an den Kundenerwartungen orientierte – Diversifikation des Produktportfolios erforderlich.

Zusammenfassung

Im Unterschied zur Versicherungswirtschaft prägten hier drei komplexitätssteuernde Maßnahmen aus den Bereichen Organisation, Produktgestaltung und Effizienzsteuerung die Wertschöpfungsketten:

- Die Gestaltung der Produktstrukturen folgt einer systematischen Reduzierung der Fertigungskomplexität.
- In den Produktprogrammen und der Variationsbreite des Verhaltens wird die entstehende Varietät im Sinne der Nachfragesteigerung bewusst als Komplexitätstreiber in Kauf genommen.
- Die sich daraus ergebende Komplexität wird durch Ansätze der Systemtheorie und Kybernetik gemanagt und kontinuierlich dem optimalen Maß angenähert.

Am Beispiel der Baukastenstrategie zeigt sich, dass anders als in den Versicherungsunternehmen durch Standardisierung und die vernetzte Entwicklung von Produkten innerhalb einer Matrixorganisation ein Maß an Variantenvielfalt realisiert wird, das in seiner Entstehung systemimmanent zu komplexitätsreduzierenden Entscheidungen führt. Komplexitätsreduzierung wird zu einem wichtigen, kostensenkenden Faktor. Wesentlicher Aspekt des Geschäftsmodells ist dabei, dass die Organisation jeweils der Produktstrategie folgen muss. Ändert sich die Produktstrategie, muss die Projektorganisation folgen.

Darüber hinaus stellt der Abstimmungs- und Informationsbedarf innerhalb der Projektorganisation einen zentralen Erfolgsfaktor dar: Nur so lassen sich Vorteile und Möglichkeiten der Standardisierungseffekte und Produktinnovationen maximal nutzen. Je geringer die Variantenvielfalt, desto höher der Abstimmungsbedarf, desto höher die Komplexität.

Auch wenn Komplexität in der Automobilbranche durch andere Faktoren determiniert ist, zeigt sich, dass ein klar formuliertes Management des Faktors Komplexität einen hohen Wirkungshebel hat.

So unterschiedlich die branchenspezifischen Komplexitätsreiber sind, führen folgende Grundsätze des Kosten-Nutzen-Modells „Komplexitätsreduzierung" zu einer positiven Entwicklung:

- Der Aspekt Komplexität als Kostentreiber muss frühzeitig in den Entwicklungsprozess der Produkt- und Variantenvielfalt integriert werden.

- Es gilt nicht ein maximales Maß an Komplexität zu erreichen, sondern ein optimales, klar definiertes Maß an Komplexität, welches eine der Grundlagen bei der Entwicklung der Wettbewerbs- und Produktstrategien sein muss.

- Organisation und Betrieb müssen sich flexibel an der Produktstrategie orientieren und dürfen nicht kostendeterminierend ausschließlich an der Prozess- und Funktionsorganisation ausgerichtet sein.

Das Beispiel Baukastenstrategie zeigt allerdings auch, dass trotz der positiven Effekte auf die Komplexitätsreduzierung auch hier unklare Zuordnungen indirekter Kosten entstehen und somit ebenfalls Entscheidungen unter Unsicherheit getroffen werden.

Nur fokussierte, allen kostentreibenden Aspekten gerecht werdende Prozesskostenrechnungen können hier Abhilfe schaffen.
Komplexität und nachhaltiges Management von Komplexitätsreduzierung sind somit zunehmend mehr ein wesentliches Handlungsfeld erfolgreicher Unternehmensstrategie.

10 Anhang

Abbildung 12: Wertschöpfungskette aus Sicht eines Erstversicherungsunternehmens[220]

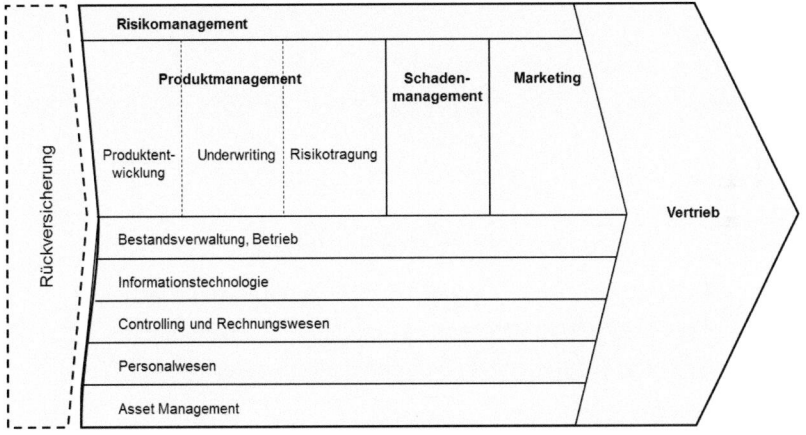

---

[220] Eigene Darstellung in Anlehnung an Wagner, F. (Hrsg.) (2011, Versicherungslexikon), S. 138. Die Wertschöpfungsaktivitäten, Produktentwicklung, Underwriting und Risikotragung wurden im Hinblick auf den Umfang der Befragung für diese unter dem Begriff Produktmanagement – als übergeordnete Bereichsbezeichnung – zusammengefasst.

Abbildung 13: Fragebogen zum Experteninterview[221]

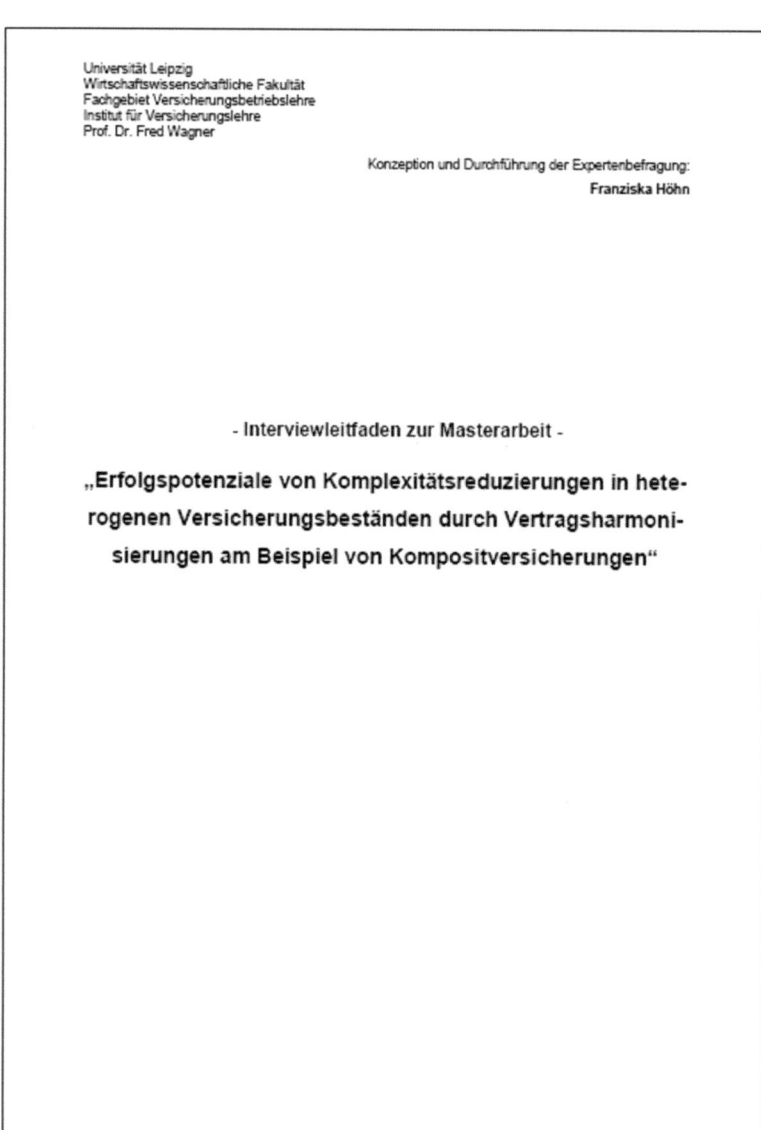

---

[221] Eigene Darstellung.

Anhang

Erfolgspotenziale von Komplexitätsreduzierungen in heterogenen Versicherungsbeständen durch Vertragsharmonisierungen am Beispiel von Kompositversicherungen

Inhalt

Einführung 2
Teil 1: Persönliche Angaben 2
Teil 2: Angaben zum Unternehmen 2
Teil 4: Möglichkeiten zur Komplexitätsreduzierung von heterogenen Beständen 5
Teil 5: Auswirkungen von Komplexitätsreduzierungen 9

Teil 1: Persönliche Angaben

Name: _____
Position: _____
Bereich: _____
E-Mail: _____

Teil 2: Angaben zum Unternehmen

Unternehmen: _____ Umsatz: _____
Sparten (Privat): _____ BBE: _____
Produktarchitektur: _____ Anzahl Verträge: _____
Durchschnittliches Bestandsalter Privat in Jahren: _____ Marktanteil: _____
CR: _____

Anteil Vertriebskanäle
  Makler: _____ Kooperation: _____ AO: _____ Direkt: _____

Anteil Bestand Privat mit Produktgeneration(en) älter als 10 Jahre:

☐ unter 10 %   ☐ zwischen 30 und 40 %
☐ zwischen 10 und 20 %   ☐ zwischen 40 und 50 %
☐ zwischen 20 und 30 %   ☐ über 50 %

Erfolgspotenziale von Komplexitätsreduzierungen in heterogenen Versicherungsbeständen durch Vertragsharmonisierungen am Beispiel von Kompositversicherungen

Teil 3: Einflussfaktoren und Auswirkungen der Komplexität

3.1 Bitte bewerten Sie die Wichtigkeit der Thematik Komplexität:

1 = sehr wichtig bis 6 = unwichtig

	(1)	(2)	(3)	(4)	(5)	(6)
a. im Markt	☐	☐	☐	☐	☐	☐
b. für Ihr Unternehmen	☐	☐	☐	☐	☐	☐

3.2 In welchen Situationen bzw. unter welchen Umständen wird die Thematik der Komplexität besonders relevant? (Bspw. Fusionen, Verschmelzung Vertriebswege, Einführung neuer IT)

_____

_____

_____

3.3 Bitte bewerten Sie die nachfolgend genannten Treiber und Einflussfaktoren:

1 = sehr hohe Auswirkungen bis 6 = keine Auswirkungen

	(1)	(2)	(3)	(4)	(5)	(6)
Geschäftsmodell (Anzahl betriebener Versicherungszweige)	☐	☐	☐	☐	☐	☐
Breite der Produktpalette/Varianten	☐	☐	☐	☐	☐	☐
Produktinnovationszyklus (Häufigkeit)	☐	☐	☐	☐	☐	☐
Wettbewerb (Modifikation/Innovation Versicherungsleistung)	☐	☐	☐	☐	☐	☐
Gesetzliche Regularien	☐	☐	☐	☐	☐	☐
Technischer Fortschritt (Bspw. Fotovoltaik)	☐	☐	☐	☐	☐	☐
Konstanz Produktstrategie (Bspw. Wechsel von Linien- zu modularen Produkten)	☐	☐	☐	☐	☐	☐
Wahl Produktarchitektur (modular/linear)	☐	☐	☐	☐	☐	☐
Individualisierung aufgrund von Kundenbedürfnissen	☐	☐	☐	☐	☐	☐
Individualisierung aufgrund von Vertriebsbedürfnissen	☐	☐	☐	☐	☐	☐
Vertriebsweg/Vertriebswegemix	☐	☐	☐	☐	☐	☐
Art des Wachstums (organisch/anorganisch – Unternehmen/Vertrieb)	☐	☐	☐	☐	☐	☐
_____	☐	☐	☐	☐	☐	☐
_____	☐	☐	☐	☐	☐	☐
_____	☐	☐	☐	☐	☐	☐

Erfolgspotenziale von Komplexitätsreduzierungen in heterogenen Versicherungsbeständen durch Vertragsharmonisierungen am Beispiel von Kompositversicherungen

3.4 Bitte bewerten Sie die Aussage: „Die Komplexität des Versicherungsbestands in organisch gewachsenen Kompositversicherungsunternehmen ist geringer als die Komplexität in Unternehmen, die durch Fusionen und Übernahmen gewachsen sind.". Stimmen Sie dieser zu? Bitte begründen Sie Ihre Antwort.

☐ stimme voll und ganz zu ☐ stimme eher zu ☐ stimme teilweise zu ☐ stimme eher nicht zu ☐ stimme gar nicht zu

3.5 Bitte bewerten Sie die Aussage „Im Makler- und Kooperationsvertrieb ist die Komplexität aufgrund der Vielzahl von Rahmenvereinbarungen und Sideletttern - und somit der hohen Produktvielfalt - i. d. R. höher als im Direkt- und Ausschließlichkeitsvertrieb." Stimmen Sie dieser zu? Welche weiteren Einflüsse auf die Komplexität des Bestands sehen Sie aufgrund der Wahl des Vertriebswegemix?

☐ stimme voll und ganz zu ☐ stimme eher zu ☐ stimme teilweise zu ☐ stimme eher nicht zu ☐ stimme gar nicht zu

3.6 Bitte bewerten Sie den Einfluss der Komplexität heterogener Bestände auf die IT-Landschaft im Unternehmen? Stimmen Sie der Einschätzung zu, dass eine erhöhte Komplexität im Bestand die IT-Kosten stark erhöht (bspw. aufgrund Abbildung, Wartung)?

☐ stimme voll und ganz zu ☐ stimme eher zu ☐ stimme teilweise zu ☐ stimme eher nicht zu ☐ stimme gar nicht zu

3.7 Bitte bewerten Sie die Aussage: „Durch die Verringerung der Komplexität des Versicherungsbestands kann eine kosteneffiziente Konsolidierung und Modernisierung der Systemlandschaft ermöglicht werden." Stimmen Sie dieser zu? Bitte begründen Sie Ihre Antwort.

☐ stimme voll und ganz zu ☐ stimme eher zu ☐ stimme teilweise zu ☐ stimme eher nicht zu ☐ stimme gar nicht zu

3.8 Welche weiteren Auswirkungen der Komplexität in heterogenen Beständen sehen Sie? Welche erachten Sie als besondere Herausforderung? (Bspw. Ressourcenbindung, Fehleranfälligkeit, Einfluss auf Prüfungs- und Abstimmungsprozesse)

Erfolgspotenziale von Komplexitätsreduzierungen in heterogenen Versicherungsbeständen durch Vertragsharmonisierungen am Beispiel von Kompositversicherungen

Teil 4: Möglichkeiten zur Komplexitätsreduzierung von heterogenen Beständen

4.1 Reduzierung der Produktvielfalt

4.1.1 Bitte bewerten Sie die Aussage: „Die Implementierung von modularen Produkten wirkt sich - im Vergleich zu Linienprodukten - komplexitätsreduzierend aus.". Stimmen Sie dieser zu? Bitte begründen Sie Ihre Antwort.

☐ stimme voll und ganz zu ☐ stimme eher zu ☐ stimme teilweise zu ☐ stimme eher nicht zu ☐ stimme gar nicht zu

_____

4.1.2 Bitte bewerten Sie die Aussage: „Eine stringente Standardisierung von allgemeinen Klauseln, Formalien und des Wordings innerhalb der Produkte über alle Sparten hinweg trägt zur Reduzierung der Komplexität im Bestand und Neugeschäft bei und schafft zusätzlich erhöhte Transparenz beim Vermittler und Verbraucher.". Stimmen Sie dieser zu? Bitte begründen Sie Ihre Antwort.

☐ stimme voll und ganz zu ☐ stimme eher zu ☐ stimme teilweise zu ☐ stimme eher nicht zu ☐ stimme gar nicht zu

_____

4.2 Reduzierung der Vielfalt der Produktgenerationen

4.2.1 Bitte bewerten Sie die Alternativen zur Reduzierung der Komplexität von heterogenen Beständen nach ihrer Vorteilhaftigkeit und begründen Sie Ihre Antwort bitte. Welche weiteren Möglichkeiten zur Reduzierung der Komplexität sehen Sie?

A Umstellung mittels Kündigung und Neuangebot durch Zentrale

☐ sehr vorteilhaft ☐ ziemlich vorteilhaft ☐ teilweise vorteilhaft ☐ wenig vorteilhaft ☐ nicht vorteilhaft

B Vertrieblich initiierte Umstellung (z. T. mittels vertrieblicher Anreizmechanismen)

☐ sehr vorteilhaft ☐ ziemlich vorteilhaft ☐ teilweise vorteilhaft ☐ wenig vorteilhaft ☐ nicht vorteilhaft

C Umstellung durch Telefonie

☐ sehr vorteilhaft ☐ ziemlich vorteilhaft ☐ teilweise vorteilhaft ☐ wenig vorteilhaft ☐ nicht vorteilhaft

D Vereinbarung eines automatischen Produktupgrades für das Neugeschäft

☐ sehr vorteilhaft ☐ ziemlich vorteilhaft ☐ teilweise vorteilhaft ☐ wenig vorteilhaft ☐ nicht vorteilhaft

E _____

☐ sehr vorteilhaft ☐ ziemlich vorteilhaft ☐ teilweise vorteilhaft ☐ wenig vorteilhaft ☐ nicht vorteilhaft

Anmerkungen: _____

Anhang

Erfolgspotenziale von Komplexitätsreduzierungen in heterogenen Versicherungsbeständen durch Vertragsharmonisierungen am Beispiel von Kompositversicherungen

4.2.2 Welche Vorteile und Nachteile sehen Sie in den einzelnen Alternativen? Erachten Sie diese als realisierbar? Bitte bewerten Sie auch den Einfluss der Maßnahmen auf die Umstellungs-/Stornoquoten.

Alternative	Vorteile	Nachteile	Umstellungsquote	Stornoquote
A				
B				
C				
D				
E				

4.2.3 Welche Gefahren und Herausforderungen sehen Sie in der Durchführung einer komplexitätsreduzierenden Maßnahme? (Bspw. Verlust profitabler oder „schlafender" Bestände; Erhöhung Schadenquote; hohe Stornoquote; Imageeffekte)

_____

_____

Erfolgspotenziale von Komplexitätsreduzierungen in heterogenen Versicherungsbeständen durch Vertragsharmonisierungen am Beispiel von Kompositversicherungen

4.2.4 Welche Investitionskosten entstehen bei Durchführung einer komplexitätsreduzierenden Maßnahme (ohne Maßnahme D)? Welche erachten Sie als wesentlich und auf welche Höhe schätzen Sie diese? (Bspw. Kosten der Umstellung im Betrieb (Storno-Neu) oder technische Umstellung mittels Migration; Vertrieb, Telefonie, Produktmanagement)

1 = sehr hohe Kostenwirkung bis 6 = keine Kostenwirkung

Maßnahme A (Änderungskündigung)	(1)	(2)	(3)	(4)	(5)	(6)	Höhe
Kosten der Umstellung im Betrieb (Storno/Neu) und/oder	☐	☐	☐	☐	☐	☐	_____
Kosten der technischen Migration und Kosten für IT-Anpassungen	☐	☐	☐	☐	☐	☐	_____
Kosten Druck und Versand Anschreiben sowie Aufbereitung Informationsunterlagen	☐	☐	☐	☐	☐	☐	_____
Kosten Telefonie	☐	☐	☐	☐	☐	☐	_____
Kosten Bearbeitung Schriftgut (Beschwerde, Annahme, etc.)	☐	☐	☐	☐	☐	☐	_____
Kosten Incentivierung Vertrieb	☐	☐	☐	☐	☐	☐	_____

Anmerkungen: _____

Maßnahme B (vertriebliche Umstellung)	(1)	(2)	(3)	(4)	(5)	(6)	Höhe
Kosten der Umstellung im Betrieb (Storno/Neu) und/oder	☐	☐	☐	☐	☐	☐	_____
Kosten der technischen Migration und Kosten für IT-Anpassungen	☐	☐	☐	☐	☐	☐	_____
Kosten Druck und Versand Anschreiben sowie Aufbereitung Informationsunterlagen	☐	☐	☐	☐	☐	☐	_____
Kosten Telefonie	☐	☐	☐	☐	☐	☐	_____
Kosten Bearbeitung Schriftgut (Beschwerde, Annahme, etc.)	☐	☐	☐	☐	☐	☐	_____
Kosten Incentivierung Vertrieb	☐	☐	☐	☐	☐	☐	_____

Anmerkungen: _____

Anhang

Erfolgspotenziale von Komplexitätsreduzierungen in heterogenen Versicherungsbeständen durch Vertragsharmonisierungen am Beispiel von Kompositversicherungen

Maßnahme C (Umstellung durch Telefonie)	(1)	(2)	(3)	(4)	(5)	(6)	Höhe
Kosten der Umstellung im Betrieb (Storno/Neu) **und/oder**	☐	☐	☐	☐	☐	☐	____
Kosten der technischen Migration und Kosten für IT-Anpassungen	☐	☐	☐	☐	☐	☐	____
Kosten Druck und Versand Anschreiben sowie Aufbereitung Informationsunterlagen	☐	☐	☐	☐	☐	☐	____
Kosten Telefonie	☐	☐	☐	☐	☐	☐	____
Kosten Bearbeitung Schriftgut (Beschwerde, Annahme, etc.)	☐	☐	☐	☐	☐	☐	____
Kosten Incentivierung Vertrieb	☐	☐	☐	☐	☐	☐	____

Anmerkungen: _____

Maßnahme E _____	(1)	(2)	(3)	(4)	(5)	(6)	Höhe
Kosten der Umstellung im Betrieb (Storno/Neu) **und/oder**	☐	☐	☐	☐	☐	☐	____
Kosten der technischen Migration und Kosten für IT-Anpassungen	☐	☐	☐	☐	☐	☐	____
Kosten Druck und Versand Anschreiben sowie Aufbereitung Informationsunterlagen	☐	☐	☐	☐	☐	☐	____
Kosten Telefonie	☐	☐	☐	☐	☐	☐	____
Kosten Bearbeitung Schriftgut (Beschwerde, Annahme, etc.)	☐	☐	☐	☐	☐	☐	____
Kosten Incentivierung Vertrieb	☐	☐	☐	☐	☐	☐	____

Anmerkungen: _____

4.2.5 In welchem Bereich sehen Sie die Verantwortlichkeit für die Umsetzung einer Maßnahme zur Kostenreduktion? Bitte begründen Sie Ihre Antwort.

_____

4.2.6 Innerhalb welchen Zeitraums wird sich Ihres Erachtens die Investition amortisieren, sodass ein positiver Effekt auf die Wertschöpfung resultiert? Wie lang wird dieser Effekt anhalten?

_____

4.2.7 Wird in Ihrem Haus bereits eine der besprochenen Maßnahmen durchgeführt. Wenn ja, welche und mit welchem Erfolg? Wenn nein, haben Sie dies in Zukunft vor?

_____
_____

Erfolgspotenziale von Komplexitätsreduzierungen in heterogenen Versicherungsbeständen durch Vertragsharmonisierungen am Beispiel von Kompositversicherungen

Teil 5: Auswirkungen von Komplexitätsreduzierungen

5.1 Wie schätzen Sie die Auswirkungen bzw. Effekte einer Komplexitätsreduzierung im Bestand auf...

a. einzelne Bereiche bzw. Wertschöpfungsaktivitäten und verbundene Prozesse

1 = hohe Auswirkungen bis 6 = keine Auswirkungen

	(1)	(2)	(3)	(4)	(5)	(6)
Asset Management	☐	☐	☐	☐	☐	☐
Betrieb, Bestandsverwaltung	☐	☐	☐	☐	☐	☐
Controlling und Rechnungswesen	☐	☐	☐	☐	☐	☐
IT	☐	☐	☐	☐	☐	☐
Marketing	☐	☐	☐	☐	☐	☐
Personalwesen	☐	☐	☐	☐	☐	☐
Produktmanagement	☐	☐	☐	☐	☐	☐
Risikomanagement	☐	☐	☐	☐	☐	☐
Rückversicherung	☐	☐	☐	☐	☐	☐
Schadenmanagement	☐	☐	☐	☐	☐	☐
Vertrieb	☐	☐	☐	☐	☐	☐

b. auf die Wertschöpfung insgesamt ein?

	(1)	(2)	(3)	(4)	(5)	(6)
Wertschöpfung	☐	☐	☐	☐	☐	☐

Anmerkungen: _____

5.2. Welche weiteren Auswirkungen (über 5.1) sehen Sie und wie immanent sind diese? Was erachten Sie als den größten Vorteil einer Komplexitätsreduzierung?

_____
_____

5.3 Vorstellung Musterunternehmen

5.3.1 Bitte ordnen Sie die Unternehmen nach dem Grad Ihrer Komplexität in Bezug auf den Versicherungsbestand ein und begründen Sie Ihre Antwort. Aufgrund welcher Faktoren/Komponenten haben Sie Ihre Einordnung vorgenommen?

___ höchste Komplexität   ___ mittlere Komplexität   ___ geringste Komplexität

_____

5.3.2 Angenommen, alle 3 Unternehmen würden zur Reduzierung der Bestandskomplexität eine der vorangegangen thematisierten Maßnahmen durchführen, sodass im Bestand nach Abschluss der Maßnahme keine Verträge älter als ca. 5 Jahre vorhanden sind. Wie beurteilen Sie die Auswirkungen/Effekte? (Bspw. auf Betrieb, IT, Vertrieb, Schaden)

_____

Anhang

Erfolgspotenziale von Komplexitätsreduzierungen in heterogenen Versicherungsbeständen durch Vertragsharmonisierungen am Beispiel von Kompositversicherungen

5.3.3 Bitte beurteilen Sie je Musterunternehmen das Potential für eine Verwaltungskostensenkung durch die Komplexitätsreduktionen heterogener Bestände in % der Verwaltungskostenquote: (keine Betrachtung der Investitionskosten der Maßnahme)

Senkung der Verwaltungskostenquote in VU1

- ☐ keine Senkung
- ☐ bis 1 %
- ☐ zwischen 1 und 2 %
- ☐ zwischen 2 und 3 %
- ☐ zwischen 3 und 4 %
- ☐ zwischen 4 und 5 %
- ☐ zwischen 5 und 6 %
- ☐ zwischen 6 und 7 %
- ☐ zwischen 7 und 8 %
- ☐ zwischen 8 und 9 %
- ☐ zwischen 9 und 10 %
- ☐ über 10 %

Anmerkungen: _____

Senkung der Verwaltungskostenquote in VU2

- ☐ keine Senkung
- ☐ bis 1 %
- ☐ zwischen 1 und 2 %
- ☐ zwischen 2 und 3 %
- ☐ zwischen 3 und 4 %
- ☐ zwischen 4 und 5 %
- ☐ zwischen 5 und 6 %
- ☐ zwischen 6 und 7 %
- ☐ zwischen 7 und 8 %
- ☐ zwischen 8 und 9 %
- ☐ zwischen 9 und 10 %
- ☐ über 10 %

Anmerkungen: _____

Senkung der Verwaltungskostenquote in VU3

- ☐ keine Senkung
- ☐ bis 1 %
- ☐ zwischen 1 und 2 %
- ☐ zwischen 2 und 3 %
- ☐ zwischen 3 und 4 %
- ☐ zwischen 4 und 5 %
- ☐ zwischen 5 und 6 %
- ☐ zwischen 6 und 7 %
- ☐ zwischen 7 und 8 %
- ☐ zwischen 8 und 9 %
- ☐ zwischen 9 und 10 %
- ☐ über 10 %

Anmerkungen: _____

5.4 Welche weiteren Auswirkungen – neben einer Kostenreduktion – sehen Sie?

_____

5.5 Mit welchem der Musterunternehmen würden Sie Ihr Unternehmen am ehesten vergleichen, warum?

_____

5.6 Glauben Sie, dass eine Komplexitätsreduktion...

a. in Ihrem Haus durchführbar und

☐ ganz sicher ☐ wahrscheinlich ☐ ziemlich wahrscheinlich ☐ wenig wahrscheinlich ☐ keinesfalls

b. für Ihr Haus einen deutlich positiven Effekt auf die Wertschöpfung hätte?

☐ ganz sicher ☐ wahrscheinlich ☐ ziemlich wahrscheinlich ☐ wenig wahrscheinlich ☐ keinesfalls

Anmerkungen: _____

Tabelle 2: Übersicht der Hypothesen[222]

Die Übersicht zeigt die Zuordnung der Hypothesen zu den Untersuchungsfragen:		
F1		Was ist Komplexität heterogener Versicherungsbeständen, welche Ausprägungen existieren und wodurch entsteht diese?
F2		Wie wirkt sich die Komplexität heterogener Versicherungsbestände auf das Versicherungsgeschäft und -unternehmen aus?
F3		Welche Möglichkeiten existieren, die Komplexität heterogener Versicherungsbestände zu reduzieren?
F4		Welche Kosten-Nutzen-Wirkung lässt sich durch eine Komplexitätsreduzierung heterogener Versicherungsbestände erzielen und welche Einflussfaktoren müssen hierbei Berücksichtigung finden?
F5		Für welche Versicherungsunternehmen und in welchen Situationen ist eine Komplexitätsreduzierung heterogener Versicherungsbestände vorteilhaft?

Zuordnung zu Untersuchungsfrage	Nr.	Hypothese
F_1	H_1	Die Komplexität heterogener Versicherungsbestände wird durch eine Vielzahl von Einflussfaktoren bestimmt. Die wesentlichen sind: • rechtliche Rahmenbedingungen und Regularien, • der Wettbewerb, • der technische Fortschritt, • die Vertriebsbedürfnisse, • die Kundenbedürfnisse, • die Anzahl Versicherungszweige • die Art des Wachstums, • der Produktinnovationszyklus, • der Vertriebswegemix die Produktarchitektur, • die Konstanz der Produktstrategie.
F_1	H_2	Die Komplexität im Makler- und Kooperationsvertrieb ist i. d. R. höher als im Direkt- und Ausschließlichkeitsvertrieb.
F_1	H_3	Die Komplexität des Versicherungsbestands in organisch entstandenen Kompositversicherungsunternehmen (internes Wachstum) ist geringer, als die Komplexität in Unternehmen, die durch Fusionen und Übernahmen (externes Wachstum) gewachsen sind.

---

[222] Eigene Darstellung.

Anhang

Zuordnung zu Untersuchungsfrage	Nr.	Hypothese
F_1	H_4	Mit zunehmender Komplexität des Versicherungsbestands resultiert ein starker Anstieg der IT-Kosten.
F_2	H_5	Durch eine Verringerung der Komplexität des Versicherungsbestands kann eine kosteneffiziente Konsolidierung und Modernisierung der Systemlandschaft ermöglicht werden.
F_2	H_6	Die Auswirkungen der Komplexität heterogener Versicherungsbestände zeigen sich insbesondere in den Kernbereichen Schaden, Betrieb, Vertrieb und Produktmanagement sowie der IT deutlich.
F_3	H_{10}	Die Umstellung der Altverträge führt in Abhängigkeit vom Kommunikationsmedium zu hohen Kosten und ein vollständiger Abbau alter Bestandsgenerationen kann in letzter Konsequenz nur durch Ablaufkündigungen erreicht werden.
F_3	H_{11}	Die Implementierung von modularen Produkten wirkt sich - im Vergleich zu Produktlinien - komplexitätsreduzierend aus-
F_3	H_{12}	Eine stringente Standardisierung von allgemeinen Klauseln, Formalien und des Wordings innerhalb der Produkte über alle Versicherungszweige hinweg trägt zur Reduzierung der Komplexität im Bestand und Neugeschäft bei und schafft zusätzlich erhöhte Transparenz beim Vermittler und Verbraucher.
F_4	H_7	Die Reduzierung der Komplexität heterogener Versicherungsbestände führt zu einer Reduzierung der Verwaltungskosten.
F_4	H_8	Die Effekte einer Komplexitätsreduzierung heterogener Versicherungsbestände wirken sich insgesamt positiv auf die Wertschöpfung im Unternehmen aus.
F_4	H_9	Die mit einer konsequenten Reduzierung der Komplexität heterogener Versicherungsbestände verbundene Kostensenkung hat kurz- bis mittelfristig einen positiven Effekt auf die Wertschöpfung.

Tabelle 3: Berechnung der Wertschöpfung bei Versicherungen - indirekte Methode[223]

Position Erfolgsrechnung	+/-	Intuition Wertschöpfung
Gebuchte Bruttobeiträge	+	Versicherungstechnische Gesamtleistung
Sonstige versicherungstechnische Erträge	+	
Veränderungen der Bruttoprämienüberträge	-	
Zahlungen für Versicherungsfälle, Bruttobetrag	-	
Nicht anderweitig auszuweisende Veränderungen der versicherungstechnischen Nettorückstellungen	-	
Veränderungen der Schadenrückstellungen, Bruttobetrag	-	
Veränderung Deckungskapital, Bruttobetrag	-	
Abgegebene Rückversicherungsprämien	-	Versicherungstechnische Vorleistungen
Aufwendungen für Überschussbeteiligungen	-	
Provision für das in Rückdeckung genommene Versicherungsgeschäft	-	
Sonstige versicherungstechnische Aufwendungen	+	
Veränderungen des Anteils der Rückversicherung an den Bruttoprämien	-	Korrekturen
Veränderung Abschlussaufwendungen	+	
Zahlungen für Versicherungsfälle, Anteil Rückversicherer	+	
Veränderung Schadenrückstellungen, Anteil Rückversicherer	+	
Veränderung Deckungskapital, Anteil Rückversicherer	+	
Erhaltene Provisionen	+	
30 % der Abschlussaufwendungen für das direkte Geschäft	-	Betriebliche Vorleistung
30 % der Verwaltungsaufwendungen für das direkte Geschäft	-	
= Bruttowertschöpfung Versicherungsgeschäft		
Der technischen Rechnung zugeordneter Zinsertrag für eigene Rechnung	+	Gesamtleistung aus Kapitalanlage-

---

[223] Eigene Darstellung in Anlehnung an Ortner, A. (2007, Wertschöpfung) S. 37 und 49.

Anhang

Erträge aus Grundstücken und Bauten	+	geschäft und Übrigem
Gewinne aus dem Abgang von Kapitalanlagen	-	Vorleistungen aus dem Kapitalanlagegeschäft und Korrekturen
Verluste aus dem Abgang von Kapitalanlagen	+	
30 % der Aufwendungen für die Verwaltung von Kapitalanalagen	-	Betriebliche Vorleistung
= Bruttowertschöpfung Kapitalanlagengeschäft & Übriges		
= Betriebliche Wertschöpfung brutto		
Fremdkapitalzinsen	-	
Steuern	-	
Personalaufwand	-	
= Shareholderorientiere Wertschöpfung brutto		

Tabelle 4: Überblick der Rahmenbedingungen und Einflussfaktoren der Komplexität von Kompositversicherungsbeständen[224]

Einflussfaktor	exogen/ endogen	Ausprägungen der Komplexität	Einfluss
Gesetzliche Regularien	exogen	▪ Häufigkeit und Intensität der Änderung gesetzlicher Regularien mit Einfluss auf Produktgestaltung	Dimension 1 & 2
Wettbewerb	exogen	▪ Produktdifferenzierung und Innovationsdruck zur Generierung von Wettbewerbsvorteilen	Dimension 1 & 2
Technischer Fortschritt	exogen	▪ Häufigkeit/Zyklus technischer Innovationen ▪ Ausmaß der technischen Innovation	Dimension 1
Vertrieb	exogen	▪ Aktualität und individuelle Leistungsupdates des Versicherungsschutzes für ▪ Individualisierung des Angebots für Vertriebspartner	Dimension 1 & 2
Kunden	exogen	▪ Individualisierung vs. Standardisierung aufgrund von Kundenbedürfnissen bspw. Zielgruppenkonzepte ▪ Anpassung des Versicherungsschutzes auf gesellschaftlichen Wandel	Dimension 1 & 2
Anzahl der Versicherungszweige (Geschäftsmodell)	endogen	▪ Universalversicherer (Angebot aller/ mehrerer Versicherungszweige) ▪ Spezialversicherer/Monoliner (Fokussierung auf wenige/ einen Versicherungszweig/e)	Dimension 1 & 2

---

[224] Eigene Darstellung.

Anhang

Einfluss-faktor	exogen/ endogen	Ausprägungen der Komplexität	Einfluss
Art des Wachstums	endogen	- Internes/organisches Wachstum (Steigerung des Neugeschäftsabsatzes) - Externes/anorganisches Wachstum (Fusionen, Kauf von Maklerbeständen, etc.)	Dimension 1 & 2
Produktinno-vationszyklus	endogen	- Länge der Entwicklungszyklen neuer bzw. modifizierter Produktgenerationen - Häufigkeit der Einführung neuer Produkte	Dimension 1
Vertriebs-wegemix	endogen	- Einkanalabsatz - Mehrkanalabsatz - Mischung (ein Hauptabsatzkanal mit weiteren Kanälen)	Dimension 2
Produkt-architektur	endogen	- Fixe Pakete mit/ohne Zusatzbausteine - Modulare Pakete	Dimension 2
Konstanz Produkt-strategie	endogen	- Kontinuität / Grad (Häufigkeit & Umfang) der Änderung der Produktstrategie und speziell -architektur	Dimension 2

Tabelle 5: Musterunternehmen zur Expertenbefragung[225]

Kriterium	VU1	VU2	VU3
Organisation und Rechtsform			
Zweige (Sachversicherung Privat)	Hausrat, Haftpflicht, Unfall, Wohngebäude; Kraftfahrt	Hausrat, Haftpflicht, Unfall, Wohngebäude; Kraftfahrt	Wohngebäude
Rechtsform	AG	VVaG	öffentlich-rechtlich
Mitarbeiter Innendienst	1000	300	100
Mitarbeiter Außendienst	1500	200	230
Gründungsjahr	1948	1974	1982
Beiträge			
Bruttobeitragseinnahmen in Mio. €	1500	500	100
Beitragswachstum p.a. seit 2010	0,30 %	-0,10 %	1,30 %
Marktanteil	7,00 %	2,40 %	0,50 %
Bestand			
Anzahl Verträge in Mio.	5,1	1,8	0,2
Bestandsalter			
unter 5 Jahre	15 %	40 %	15 %
zwischen 5 und 10 Jahre	40 %	30 %	50 %
zwischen 10 und 20 Jahre	25 %	20 %	30 %
älter als 20 Jahre	10 %	10 %	5 %
durchschnittliche Anzahl Produktgenerationen je Zweig im Bestand	51	29	14

---

[225] Eigene Darstellung.

Anhang

Kriterium	VU1	VU2	VU3
Vertriebswege			
Ausschließlichkeit	45 %	10 %	80 %
Direkt	5 %	10 %	20 %
Makler und Kooperation	50 %	80 %	0 %
Strategie			
Wachstum	vorwiegend externes Wachstum	vorwiegend internes Wachstum	internes Wachstum
Produktstrategie	modulare Produkte	Linienprodukte	modulare Produkte
Konsistenz Produktstrategie	seit 2010, vorher Linienprodukte	durchgängig Linienprodukte	durchgängig modular (seit 1994)
Programm zur Bestandsaktualisierung	nicht vorhanden	vertriebliche Anreizmechanismen	nicht vorhanden
Kostenstruktur			
CR	104,10 %	97,70 %	99,80 %
Schadenquote	68,90 %	66,30 %	73,60 %
Kostenquote	35,20 %	31,40 %	26,20 %
Verwaltungskostenquote	24,64 %	16,80 %	14,41 %
Abschlusskostenquote	10,56 %	14,60 %	11,79 %

Tabelle 6: Übersicht zur Berechnung von Lage- und Streuungsmaßen[226]

Parameter/ Maß	Ermittlung und Interpretation
Modus	Der Modus ist der häufigste Wert in einer Verteilung. Er wird direkt anhand der Häufigkeitsverteilung abgelesen und muss nicht berechnet werden.
Median	Der Median ist der Wert, der die Daten in zwei gleich große Hälften teilt. Mindestens die Hälfte der Strichprobenwerte sind kleiner bzw. gleich dem Median und 50 % sind größer bzw. gleich dem Median. Er ist robust gegenüber Ausreisern. $$\tilde{x} = \begin{cases} x_{\left(\frac{x+1}{2}\right)} & \text{falls n ungerade} \\ \frac{1}{2} * \left(x_{\left(\frac{n}{2}\right)} + x_{\left(\frac{n}{2}+1\right)}\right) & \text{falls n gerade} \end{cases}$$
Arithmetisches Mittel	Das arithmetische Mittel entspricht der Summe der Merkmalsausprägungen dividiert durch deren Anzahl. $$\bar{x} = \frac{1}{n}\sum_{i=1}^{n} x_i$$ Sofern eine symmetrische Verteilung vorliegt, zeigt das arithmetische Mittel den Schwerpunkt der Verteilung, ist die Verteilung hingegen asymmetrisch, so stellt die Angabe der Verteilung eine stark verzerrte Darstellung dar.
Standardabweichung	Die Standardabweichung weist eine durchschnittliche Abweichung der Merkmalswerte vom arithmetischen Mittel aus. Sie ist von allen Merkmalswerten abhängig und wird dabei aber nicht stark von Extremwerten beeinflusst. $$s = \sqrt{\frac{1}{n}\sum_{i=1}^{n}(x_i - \bar{x}_i)^2}$$

---

[226] Eigene Darstellung. Vgl. Eckey, H.; Kosfeld, R.; et al. (2005, Statistik), S. 55 ff.

Parameter/ Maß	Ermittlung und Interpretation
Interpretation der Parameter	Mit Hilfe eines Vergleichs der Lageparameter kann eine Verteilung auf ihre Symmetrie hin überprüft werden. Bei einer symmetrischen Verteilung sind die Lageparameter identisch. Deshalb werden zur Beschreibung des Schwerpunkts der Verteilung auch alle Lageparameter betrachtet: — rechtsschiefe Häufigkeitsverteilung: Modus < Median < arithmetisches Mittel — linksschiefe Häufigkeitsverteilung: Modus > Median > arithmetisches Mittel — symmetrische Häufigkeitsverteilung: Modus ≈ Median ≈ arithmetisches Mittel Zusätzlich wird zur Prüfung der Repräsentativität der Lageparameter für die Gesamtheit der Bewertungen die Standardabweichung als Streuungsparameter herangezogen. Ist diese sehr groß, so stellt der Lageparameter keinen typischen Wert für die Verteilung dar. Je kleiner diese ist, umso typischer ist der Lageparameter für die Verteilung.

Tabelle 7: Komplexitätskriterien für die Rangfolge der Musterunternehmen[227]

Kriterium	Anzahl Nennungen
Vertriebswegemix	7
Anzahl Produktgenerationen	4
Breite der Produktpalette/Geschäftsmodell	4
Altersstruktur der Produktgenerationen	3
Konstanz der Produktarchitektur	3
Art des Wachstums	3
Durchführung von Maßnahmen zur Aktualisierung	1
Produktarchitektur	1
Höhe der Verwaltungskosten	1

---

[227] Eigene Darstellung anhand der Expertenbefragung.

Literaturverzeichnis

Ackermann, W. (2004): Innovationen in der Assekuranz: Die Geschäftslogik ändert sich. Neue Spielregeln zum Erfolg, in: Schweizer Versicherung, 1/2004, S. 53 - 54.

Ahlemeyer, H.; Königswieser R. (Hrsg.) (1998): Komplexität managen: Strategien, Konzepte und Fallbeispiele, Frankfurter Allgemeine, Frankfurt.

Anderson, P. (1999): Complexity Theory and Organization Science, in: Organization Science, Nr. 10/1999, S. 216 - 232.

av-news GmbH (2007): Systematisierung hilft sparen, URL: (http://www.av-finance.com/versicherungsbetriebe/newsdetails-vb/seite/3/artikel/255/systematisierung-hilft-sparen/, (Abruf: 24.11.2014).

Baecker, D. (1998): Einfache Komplexität, in: Ahlemeyer, H.; Königswieser R. (Hrsg.): Komplexität managen: Strategien, Konzepte und Fallbeispiele, Frankfurter Allgemeine, Frankfurt.

BaFin (2014): Statistik der BaFin - Erstversicherungsunternehmen 2013 (Schaden- und Unfallversicherung), URL: http://www.bafin.de/SharedDocs/Downloads/DE/Statistik/Erstversicherer/dl_st _13_erstvu_suv_va.html, (Abruf: 01.12.2014).

Beaume, R.; Maniak, R.; Midler. C. (2009): Crossing innovation and product projects management: A comparative analysis in the automotive industry, in: International Journal of Project Management, Nr. 27/2009, S. 166 - 174.

Beeck, V.; Piotrowski, C. (2012): Trendwende in der Produktgestaltung, in: Schweizer Versicherung, Nr. 9/2012, S. 42 - 43.

Bleicher, K. (2001): Das Konzept Integriertes Management: Visionen – Missionen – Programme, Frankfurt.

Blockus, M. (2010): Komplexitätsmanagement in Dienstleistungsunternehmen: Komplexitätsformen, Kosten- und Nutzenwirkungen, empirische Befunde und Managementimplikationen, Wiesbaden.

Boysken, M.; Kotlik, L. (2013): Komplexitätscontrolling: Komplexität erkennen, bewerten und optimieren, in: Controller Magazin, Dezember/2013, S. 48 - 52.

Brachmann, H.; Voss, K. (2006): Technik der Prämiengestaltung des Schadenversicherers, Karlsruhe.

Braun, D. (2012): Verdrängungswettbewerb verschärft sich, URL: http://www.versicherungsjournal.de/vertrieb-und-marketing/verdraengungswettbewerb-verschaerft-sich-111040.php (Abruf: 10.10.2014).

Brich, S.; Hasenbalg, C.; Winter, E. (Hrsg.) (2014): Gabler Wirtschaftslexikon, 18. Auflage, Wiesbaden.

Britzelmaier, B.; Geberl, S.; et al. (Hrsg.) (2002): Regulierung oder Deregulierung der Finanzmärkte, Heidelberg.

Chao, R. O.; Kavadias, S. (2008): A Theoretical Framework for Managing the New Product Development Portfolio: When and How to Use Strategic Buckets, in: Management Science, Nr. 54/2008, S. 907 - 921.

Consulo (Hrsg.) (o. J.): Vorgehensmodell Bestandsmigration, URL: http://www.consulo.de/wp-content/uploads/2013/03/consulo-Vorgehensmodell-Bestandsmigration.pdf, (Abruf: 11.11.2014).

Dietz, H. (1999): Wohngebäudeversicherung: Kommentar, 2. Auflage, Karlsruhe.

Dooley, K.; Van de Ven, A. (1999): Explaining Complex Organizational Dynamics, in: Organization Science, Nr. 10/1999, S. 358 - 372.

Drexl-Wittbecker (2008): Komplexität: reduzierte Produktvielfalt senkt Kosten. Weniger ist mehr, in: Industrieanzeiger, H. 50/2008, S. 20.

Duden (Hrsg.) (2010): Duden – Das Bedeutungswörterbuch, Band 10, 4. Auflage, Mannheim.

Eckey, H.; Kosfeld, R.; et al. (2005): Deskriptive Statistik: Grundlagen – Methoden – Beispiele, 4. Auflage, Wiesbaden.

Eggen, O. (2003): Modular product development. A review of modularization objectives as well as techniques for identifying modular product architectures, Norwegian University of Science and Technology.

Erixon, G.; Kenger, P. (2006): Development of Modular Products, Borlänge.

Esser, M.; Horst, J.; et al. (2014): Komplexität im Kundenservice, in: VW, 69. Jg.; H. 2, S. 38 - 39.

Fahrmeir, L.; Künstler, R.; et al. (2003): Statistik – Der Weg zur Datenanalyse, 5. Auflage, Berlin.

Farny, D. (2011): 50 Jahre Entstehung und Gestaltung deutscher Versicherungskonzerne, gemessen an ihren Marktanteilen 1960 und 2010, Köln.

Literaturverzeichnis

Farny, D. (2011): Versicherungsbetriebslehre, 5. Auflage, Karlsruhe.

Fisher, M.; Ramdas, K.; Ulrich, K. (1999): Component Sharing in the Management of Product Variety: A Study of Automotive Braking Systems, in: Management Science, Nr. 3/1999, S. 297 - 315.

Fisher, M. und Ittner, C. (1999): The Impact of Product Variety on Automobile Assembly Operations: Empirical Evidence and Simulation Analysis, Management Science, Nr. 6/2016, S. 771-786

Flick, U.; Kardorff, E.; et al. (Hrsg.): Qualitative Forschung – Ein Handbuch, Reinbek.

Friedli, T. (2006): Technologiemanagement – Modelle zur Sicherung der Wettbewerbsfähigkeit, Berlin.

Friedrichs, J. (1990): Methoden empirischer Sozialforschung, 14. Auflage, Opladen.

Fürstenwerth, F. von; Weiß, A. (2001): Versicherungs-Alphabet (VA): Begriffserläuterungen aus Theorie und Praxis, 10. Auflage, Karlsruhe.

GDV (Hrsg.) (2014): Statistisches Taschenbuch der Versicherungswirtschaft 2014, Karlsruhe.

Gesetz gegen den unlauteren Wettbewerb (2013) vom 3. Juli 2004 (BGBl. I S. 3714) in der Fassung der Bekanntmachung vom 3. März 2010 (BGBl. I S. 254).

Gesetz über den Versicherungsvertrag (2008) vom 23. November 2007 (I. I S. 2631) in der Fassung der Bekanntmachung vom 1. August 2014 (BGBl. I S. 1330).

Gießmann, M. (2010): Komplexitätsmanagement in der Logistik: Kausalanalytische Untersuchung zum Einfluss der Beschaffungskomplexität auf den Logistikerfolg, Lohmar.

Gross, P. (1998): Komplexität und Option, in: Ahlemeyer, H.; Königswieser, R. (Hrsg.): Komplexität managen: Strategien, Konzepte und Fallbeispiele, Frankfurter Allgemeine, Frankfurt.

Grossmann, C. (1992): Komplexitätsbewältigung im Management – Anleitung, integrierte Methodik und Anwendungsbeispiele, Dissertation der Hochschule St. Gallen, St. Gallen.

Hötker, G. (2006): Do modular products lead to modular organizations?, in: Strategic Management Journal, 27/2006, S. 501 - 518.

Hüttel, K. (2014): Marktsegmentierung durch produktpolitische Maßnahmen, in: Pepels, W. (Hrsg.): Marktsegmentierung – Instrumentarien zur Bearbeitung segmentierter Märkte, 3. Auflage, Düsseldorf, S. 1 - 31.

Jahn, T. (2009): Portfolio- und Reifegradmanagement für Innovationsprojekte zur Multiprojektsteuerung in der frühen Phase der Produktentwicklung, Dissertation der Universität Stuttgart, Stuttgart.

Karim, S. (2006): Modularity in organizational structure: the reconfiguration of internally developed and acquired business units, in: Strategic Management Journal, Nr. 27/2006, S. 799 - 823.

Kirchhof, R. (2003): Ganzheitliches Komplexitätsmanagement; Grundlagen und Methodik des Umgangs mit Komplexität im Unternehmen, Wiesbaden.

Köhne, T. (2008): Produktinnovationen in der deutschen Versicherungswirtschaft: Theoretische Grundlagen zur Analyse aktueller Praxisentwicklungen, in: Köhne, T. (Hrsg.): Produktinnovationen in der deutschen Versicherungswirtschaft - Theoretische Analyse aktueller Praxisentwicklungen, Karlsruhe, S. 1 - 40.

Köhne, T. (Hrsg.) (2008): Strategische Kooperationen in der Versicherungsbranche: Kernkompetenzen, Wertschöpfungspartnerschaften und Unternehmensnetzwerke, Wiesbaden.

Kowal, S.; O'Connel, D. (2000): Zur Transkription von Gesprächen, in: Flick, U.; Kardorff, E.; et al. (Hrsg.): Qualitative Forschung – Ein Handbuch, Reinbek, S. 437 - 447.

Krishnan, V.; Gupta, S. (2009): Appropriateness and Impact of Platform-Based Product Development, in: Management Science, Nr. 47/2009, S. 52 - 68.;

Krishnan, V.; Zhu, W. (2006): Designing a Family of Development-Intensive Products, in: Management Science, Nr. 52/2006, S. 813 - 825.

Lier, M. (o. J.): Von Altkunden bis Zürs, URL: http://www.versicherungsjournal.de/vertrieb-und-marketing/von-altkunden-bis-zuers-116298.php, (Abruf: 11.11.2014).

Lixenfeld, C. (2007): Strategie entscheidend. Gute Idee – und dann?, URL: http://www.handelsblatt.com/unternehmen/management/strategie/strategie-entscheidend-gute-idee-und-dann/2811384.html, (Abruf: 19.09.2014)

Meyer, R.; Horster, T.; et al. (2014): Betriebskosten bieten großes Einsparpotential, in: VW, 69. Jg.; H. 2, S. 58 - 60.

Literaturverzeichnis

Murray-Webster, R.; Pellegrinelli S. (2010): Risk management reconceived: reconciling economic rationality with behavioural tendencies. Journal of Project, Program & Portfolio Management, Nr. 1/1999, S.16 - 25.

Neubauer, W. (2005): Gestaltung und Evaluation eines Mitarbeiter-Management-Informations-Systems in der Montage eines Automobilwerkes, Chemnitz.

Neubauer, W. (2005): Gestaltung und Evaluation eines Mitarbeiter-Management-Informations-Systems in der Montage eines Automobilwerkes, Chemnitz.

O. V. (2002): WERTSCHÖPFUNG: Die Unfall- und Schadenversicherungen 2002. Der Fall ins Bodenlose, in: Schweizer Versicherung H. 12/2003, S. 8.

O. V. (2004): Die Industrie als Vorbild nehmen. Branchenreport 2004: Versicherungsvorstände sehen IAS als größte Herausforderung seit der Liberalisierung des Markts, in: VW, 59. Jg., H. 7, S. 488.

O. V. (2011): Lean Innovation – Früh strukturiert durch konsequentes Variantenmanagement, Serie Teil 2. Mehr Markterfolg durch intelligente Produktbaukästen, in: Industrieanzeiger, H. 1/2011, S. 14.

Olbrich, R. (2006): Marketing - Eine Einführung in die marktorientierte Unternehmensführung, 2. Auflage, Berlin.

Ortner, A. (2007): Wertschöpfung in europäischen Banken und Versicherungen. Eine empirische Untersuchung, Göttingen.

Pellegrinelli S. (2010): Risk management reconceived: reconciling economic rationality with behavioural tendencies, in: Journal of Project, Program & Portfolio Management, Nr. 1/2010, S. 16 - 25.

Pepels, W. (Hrsg.) (2014): Marktsegmentierung – Instrumentarien zur Bearbeitung segmentierter Märkte, 3. Auflage, Düsseldorf.

Petit, Y.; Hobbs, B. (2010): Project portfolios in dynamic environments: Sources of uncertainty and sensing mechanisms, in: Project Management Journal, Nr. 41/2010, S. 46 - 58.

Pichler, H.; Edquist, W. (2014): Weniger ist oft mehr. Wie Unternehmen die Komplexität in der Lieferkette verringern können, ohne auf die Produktvielfalt zu verzichten, in: LOGISTIK HEUTE, H. 1-2/2014, S. 38.

Pohl, D. (2004): Einseitige Vertragsänderung ist rechtswidrig, URL: http://www.versicherungsjournal.de/versicherungen-und-finanzen/einseitige-vertragsaenderung-ist-rechtswidrig-10333.php, (Abruf: 10.11.2014).

Radtke, M. (2008): Grundlagen der Kalkulation von Versicherungsprodukten in der Schaden- und Unfallversicherung, Karlsruhe.

Reich, M. (Hrsg.) (2014): Prozessmanagement als Industrialisierungsansatz in Versicherungen. Herausforderungen – Grundlagen – Anwendungen, Stuttgart.

Reich, M.; Blodau, T. (2010): Kundenorientierte Frühwarnsysteme in Versicherungen, in: Zerres, M.; Reich M. (Hrsg.): Handbuch Versicherungsmarketing, Berlin, S. 455 - 473.

Riege, J. (1990): Das Versicherungsprodukt, in: ZVersWiss, Volume 79, S. 403 - 470.

Schey, V.; Roesgen, R. (2012): Mastering Complexity. Focus topic Paper, Mannheim.

Schmidt-Gallas, D.; Beek, V.; et al. (2012): Außendienst und Vertrieb. Modulare Produktstrukturen – Hype oder Heilsbringer?, in: VW, 67. Jg., H. 9, S. 646 - 647.

Schneider; R., Rieck, K. (2012): Komplexität in der Automobilindustrie am Beispiel Baukastenstrategie. GI-Jahrestagung 2012: 863 - 873.

Schoeneberg, K. (2014): Komplexität – Einführung in die Komplexitätsforschung und Herausforderungen für die Praxis, in

Schoeneberg, K. (Hrsg.): Komplexitätsmanagement in Unternehmen. Herausforderungen im Umgang mit Dynamik, Unsicherheit und Komplexität meistern, Wiesbaden, S. 10 - 27.

Scholl, A. (2009): Die Befragung, 2. Auflage, Konstanz.

Schuh, G. (Hrsg.) (2012): Innovationsmanagement. Handbuch Produktion und Management 3, 2. Auflage, Berlin.

Schuh, G.; Lenders, M. (2012): Produktarchitekturgestaltung, in: Schuh, G. (Hrsg.): Innovationsmanagement. Handbuch Produktion und Management 3, 2. Auflage, Berlin, S. 115 - 160.

Sedlmeier, P.; Renkewitz, F. (2013): Forschungsmethoden und Statistik: Ein Lehrbuch für Psychologen und Sozialwissenschaftler, 2. Auflage, München.

Sosa, M.E.; Eppinger S.D.; Rowles C.M. (2004): The Misalignment of Product Architecture and Organizational Structure in Complex Product Development, in: Management Science, Nr. 50/2004, S. 1674-1689.

Literaturverzeichnis

Stacey, R. (2007): Strategic management and organisational dynamics: the challenge of complexity to ways of thinking about organisations, in: Financial Times Prentice Hall, Harlow, 2007.

Stancke, F. (2012): Maklerdeckungskonzepte – kartell-, lauterkeits- und versicherungsrechtliche Implikationen, in: VersR, 63. Jg., H. 31, S. 1346 - 1356.

Stockmeier, H. (2011): Risiken für den Versicherer bei unterlassener Umstellung des Altbestands auf das neue VVG?, in: VersR, 62. Jg., H. 7, S. 312 - 317.

Strauss, B.; Bruhn, M. (2007): Wertschöpfungsprozess bei Dienstleistungen – Eine Einführung in den Sammelband, in: Strauss, B.; Bruhn, M. (Hrsg.): Wertschöpfungsprozesse bei Dienstleistungen, Wiesbaden, S. 5 - 28

Strauss, B.; Bruhn, M. (Hrsg.) (2007): Wertschöpfungsprozesse bei Dienstleistungen, Wiesbaden.

Tatikonda, M. (1999): An empirical study of platform and derivative product development projects, in: The Journal of Production Innovation Management, Nr. 16/1999, S. 72-88.

Töpfer, A. (2007): Six Sigma in Banken und Versicherungen, in: Töpfer, A. (Hrsg.): Six Sigma - Konzeption und Erfolgsbeispiele für praktizierte Null-Fehler-Qualität, 4. Auflage, Heidelberg, S. 440 - 470.

Töpfer, A. (2012): Erfolgreich Forschen: ein Leitfaden für Bachelor-, Master-Studierende und Doktoranden, 3. Auflage, Wiesbaden.

Töpfer, A. (Hrsg.) (2007): Six Sigma - Konzeption und Erfolgsbeispiele für praktizierte Null-Fehler-Qualität, 4. Auflage, Heidelberg.

Ulrich, H. (1984): Management, Bern.

Ulrich, K., Tung, K. (1991): Fundamentals of Product Modularity. Proceedings of the 1991 ASME Design Technical Conferences - Conference on Design Manufacture/Integration, Miami, Florida.

Versicherungsbedingungen für die verbundene Hausratversicherung (VHB) der HDI Versicherung AG zwischen 1966 und heute.

Wagner, F. (2011): Gabler Versicherungslexikon, Wiesbaden.

Walddörfer, M.; Löw-Friedle, A. (2002): Bestandsmigration in der Lebensversicherung. Kostengünstig mit Standardsoftware, in: VW, 57. Jg., H. 2, S. 116 - 117.

Wein, T. (2002): Hat die Deregulierung des deutschen Versicherungsmarktes mehr Wettbewerb verursacht ?, in: Britzelmaier, B.; Geberl, S.; et al. (Hrsg.): Regulierung oder Deregulierung der Finanzmärkte, Heidelberg, S. 83 - 102.

Wenig, M. (2011): Von Aufsitzrasenmähern und Innovationsklauseln - Ein Ausflug in die Bedingungswerke von Hausratversicherungen, URL: http://www.versicherungsbote.de/id/75418/Von-Aufsitzrasenmaehern-und-Innovationsklauseln---Ein-Ausflug-in-die-Bedingungswerke-von-Hausratversicherungen/ (Abruf: 26.11.2014).

Wichert, B. (2012): Chancen und Risiken von modularen Produkten, URL: http://www.versicherungsjournal.de/versicherungen-und-finanzen/chancen-und-risiken-von-modularen-produkten-111826.php, (Abruf: 30.10.2014).

Wichert, B. (2013): Umfrage unter Versicherern: Wohngebäudeversicherung als lukrative Einsteiger-Sparte?, in: Versicherungsjournal Extrablatt, Nr. 3/2013, S. 18.

Williams, A. (2006): Product-service systems in the automotive industry: the case of microfactory retailing, in: Journal of Cleaner Production, Nr. 14/2006, S. 172 - 184.

Windows (2014): Informationsblatt zum Lebenszyklus von Windows, URL: http://windows.microsoft.com/de-de/windows/lifecycle, (Abruf: 05.12.2014).

Zerres, M.; Reich M. (Hrsg.): Handbuch Versicherungsmarketing, Berlin.

ZEW (2013): Results of CIS 2012 for Germany, URL: http://www.zew.de/de/publikationen/CIS2012_DE_final_web.xls (Abruf: 11.10.2014